U0068418

你愛看什麼書？

談教育、經典、赫欽斯

不器 ——————— 著

你愛看什麼書？
——談教育、經典、赫欽斯 | content

前言

　　讀什麼書，就成什麼人（You are What you read.）。

　　這本文集是給普通讀者看的。如果學校只給了你專業，沒有教育；如果你自以為讀不懂經典，懂了也沒用；希望你讀一讀這本小書，會改變看法。

　　文章的內容不一，卻不外閱讀與教育的關係，其中貫串著一個關鍵的問題：「你愛看什麼書？」而關鍵的答案就是赫欽斯提倡的啟明教育（Liberal Education）。

　　教育的目的是成熟的人，民主社會的教育理想是理性的公民。職業訓練不是教育，不能代替教育。分崩離析的專業只會危害民主，危害世界。我們需要鍛鍊頭腦、開拓心胸的啟明教育。

　　啟明教育的關鍵在經典。人人都應該讀經典，人人都讀得懂經典；讀過，請再讀。

　　我們常說「受」教育，彷彿是飯來張口、被動的事。這大錯特錯。你不主動學，就不能受別人的教。你主動學，

沒有人教，也能受教育。不管在校、在職，無數人曾經讀經典來教育自己，你也可以。

你愛看什麼書？
──介紹赫欽斯和《西方經典》

忘不了的人和事才是我們的真生命

有一回聊天，朋友說「喜歡讀那些讀完叫人反省的書」，我登時想起《論語》、《史記》、陀思妥也夫斯基、易卜生、達爾文等等；誰知他興致勃勃地又說：「《追風箏的孩子》是一定要看的啦！」我好像驀地裡背後給人重重打了一記悶棍。

大家提起愛看的書，總愛找一個動聽的理由。我沒有讀過《追風箏的孩子》，也沒想過這本書會列入必讀書目。想必叫人反省，是本好書。不過，如果質疑人家，為什麼不是《對話錄》、《國富論》、《物種起源》「一定要看的啦」？「你不是說愛看叫人反省的書嗎？」就太死心眼了。

赫欽斯（Robert Maynard Hutchins, 1899-1977）就是這種死心眼；所以永遠不合時宜，也永遠受人敬重。

　　然而他不是書呆子，他懂實務。1927年，由耶魯大學
法學院教授變成院長；1929年，三十歲，當上芝加哥大學
校長，人稱「神童」（boy wonder）。一上任就大刀闊斧，
大肆改革；軟硬兼施，有守有為。撐過經濟大蕭條（Great
Depression, 1929-1933）、反共運動（McCarthyism）等等內
外風波，始終擇善固執，堅持教育理念。芝大成了頂尖學
府，他成了風雲人物。[1]從執掌芝大二十多年，到晚年在福
特基金會（Ford Foundation），一生的志業是教育，念茲在
茲的是成己成人。錢穆曾說：忘不了的人和事才是我們的真
生命〔轉引自余英時（1991: 13）〕。教育就是赫欽斯的真
生命。

　　祖父、父親都是牧師，赫欽斯卻不是基督徒——彷彿教
育才是他的宗教，也融合了家傳的清教徒美德。他是執教鞭
的傳道人。他認為教育失敗，人失去理智，才被工業化、科
學化、經濟需求、公私宣傳等等牽著鼻子走，到頭來個人沉
溺物慾、道德淪喪，世界分崩離析。正當危急存亡之秋，大
學必須恢復傳統，鍛鍊人的腦筋；好抵擋時代的歪風，發揮
人之為人的潛能，造就真正的人才——理性的公民。人的成

---

[1]　赫欽斯的生平，主要參考 Ashmore（1989）。另外，著名史學家麥克尼爾
　　（William H. McNeill, 1917-2016）是1930年代進芝大的，後來為赫欽斯和
　　芝大寫了 *Hutchins' University: A Memoir of the University of Chicago, 1929-
　　1950*（University of Chicago Press; 2nd ed., 1991）。

熟是直接目的，因而足以應付專業是間接結果；以個體（部
分）的完善來達致社會（整體）的完善。大學的惟一宗旨是
鍛鍊頭腦，不是培養美德、避免戰爭；但是要砥礪世風、促
進和平，要靠理性的公民。所以他的教育理論，一面強調理
性，一面隱隱有道德色彩；讀他的文章，好像與智者對談，
聽牧師講道。

異代的隔空對話

　　《經典對話》（*The Great Conversation: The Substance of
a Liberal Education*）原附《西方經典》〔*Great Books of the
Western World*（GBWW）〕叢書出版，等於叢書的序。後
來另出單行本，章次略有調動，並改題《經典》（*Great
Books: The Foundation of a Liberal Education*）。[2]單行本各章
依次如下：

　　1. Education through Great Books（經典的教育）

　　2. A Letter to the Reader（給讀者的信）

　　3. The Tradition of the West（西方的傳統）

　　4. Modern Times（現代）

---

[2]　本書引文，即依據該單行本，詳見〈參考文獻〉。引用時以H代表此書，
　　後面為章號，如H3即Hutchins（1954: ch. 3）。

5. Education and Economics（教育與經濟）

6. The Disappearance of Liberal Education（啟明教育的
消失）

7. Experimental Science（實驗科學）

8. Education for All（全民教育）

9. The Education of Adults（成人教育）

10. The Next Great Change（將臨的世變）

11. East and West（東方與西方）

赫欽斯大力提倡啟明教育，推動各種讀經典的課程。
他跟阿德勒（Mortimer J. Adler, 1902-2001）一起帶過一個
「胖子讀書會」（The Fat Men's Great Books Group），成
員大多是芝加哥的銀行家、工業家、律師。《西方經典》
的構想就出自這個讀書會。1952年第一版，收74位作者的
著作，共54卷。

叢書最與眾不同的地方在選編的原則，強調關鍵觀念
（Great Ideas）的經典對話（Great Conversation）。所謂
關鍵觀念，例如：art, beauty, citizen, duty, emotion, family,
government, happiness等等，共102個。叢書裡有詩歌、小
說，不是因為文學價值；有數學、物理的名著，不是因為科
學成就。什麼書該收，取決於作者對那些關鍵觀念有多少重
要意見，對我們有多少啟發。於是，可能有一首詩、一本哲

學著作、一本生物學著作、一本政治學著作入選，不是因為
各自在各門學問裡的地位，而是這些不同學科、不同體裁
的著作，都詮釋了慾望（desire）與平等（equality）、意志
（will）與命運（fate）等等關鍵觀念。這樣就把表面上天
南地北的內容串起來，活化了不同時空的作者，讓他們隔空
對話。編者等於以關鍵觀念為西方文明的標準，並以此共
同價值來衡量各種著作的現代意義。記得有人問史學家許
倬雲：了解西方該讀什麼書？許先生建議的就是《西方經
典》。

　　此外，阿德勒的名著《怎樣讀一本書》（*How to Read a
Book*），初版雖然早於《西方經典》，其實也是經典（Great
Books）理念的作品。我們不妨把《怎樣讀一本書》看成《經
典對話》的姊妹篇。赫欽斯說的是：為什麼要讀經典；阿德勒
說的是：怎樣讀經典。阿德勒設想讀者要讀的書是經典（方法
當然可以移用），所以書後所附他訂的書目也跟《西方經典》
大同小異。

他山之玉

　　我很喜歡赫欽斯這種鶴立雞群的教育觀，但是在全民
信奉創意的台灣，教育界大概把他當成陳貓古老鼠。社會的

觀念依舊，父母的觀念不改，我不敢奢望教育制度會有多大的進步。我也很喜歡看《西方經典》收的書（用別的版本），卻也不奢望本地的出版界有魄力訂自己的關鍵觀念，編一套《中國經典》。總之，這本書為一般人而寫，一則向民眾介紹一套既迂腐又新奇、既保守又激進、十分另類卻值得深思的教育理論，一則希望改變普通讀者的閱讀態度。

赫欽斯用淺顯的語言、尋常的道理，告訴大家：為什麼人人都應該讀經典，為什麼人人都讀得懂經典。那些道理不只適用於西方，也適用於東方。

台灣人讀書少嗎？

常聽說台灣人不愛看書，真的嗎？國家圖書館圖書館事業發展組（2018）：『臺灣閱讀力的躍升，反映在「進館人次」、「圖書借閱人次」、「圖書借閱冊數」、「電子書借閱人次」，以及「借閱證辦證人數」等閱讀指標上。』可見看得不少。我也常為圖書館愚蠢的借書比賽的結果而驚嘆：「真的看那麼多嗎？」我一年下來看的書，包括重看的，很少超過二十本。有許多被人批評不愛讀書的年輕人，看得比我多。其實台灣的暢銷書不少。而一般人看的也不一定都是「軟性」讀物，最少包括年鑑、報告書、專題雜誌、

業務通訊等等。如果把瀏覽網路、看臉書、推特、手機簡
訊、LINE算在內，數字就更驚人了。

　　老實說，我一點也不會不好意思。如果甲地平均每人
每年讀50本書，乙地5本：甲地看的，除了上述那些「非軟
類」，不外漫畫、勵志、療愈、養生、著色書、寫字書、
「泡沫書」、輕小說、旅遊手冊、玄幻武俠；乙地是《秧
歌》、《西潮》、《傅雷家書》、《賣桔者言》、《鄉土中
國》、《中東現場》、《文化與修養》、《天道與人文》等
等；到底哪裡的閱讀風氣好呢？

真正的書

　　台灣的問題跟美國差不多，巴曾一針見血地指出：美
國人看的書很多，但是「真正的書」很少。

　　　「真正的書」怎麼定義？很簡單：就是你看了想再
　　看的書。

　　　　　　　　　　　　　　　　　〔Barzun（1991: 115）〕

　　這種書，有的深，有的淺，卻都經得起咀嚼。如果一
代又一代的人「看了想再看」，就逐漸成為經典。

文化成品的特徵即在其具有持久性，而消費物品的
特性則恰恰相反，即一面製造，一面消費，是永遠
保存不了的。

〔余英時（1985）〕

　　你看的書，有幾本是看了想再看的呢？人類發明書這
個東西，本來是為了保存有持久價值的內容，誰知時移世
易，白紙黑字越發空洞無聊，成了「次書」──書的次貨。
即使出版產值被次書撐大了，也只是虛胖，並不健康。讀者
不但被不湯不水的東西灌得營養不良，連帶壞了本來可以
吃牛排的胃口；書市只能靠潮流來刺激，一波一波地「沖
喜」，有時候卻一波比一波衰弱。更可悲的是，如果書淪落
為只是消費品，看完即棄，那跟用完即棄的衛生紙是差不多
的；文化也就跟著丟到馬桶去了。

　　閱讀風氣不能單以人數、本數來量化，推廣閱讀不在
於增量；我們要問：到底看了什麼書？生活上、工作上，我
們還是需要純資料之類「非書」，但是社會要進步，出版社
要多出真正的書，讀者要多看真正的書。

學校圖書館的書

　　我們的大學圖書館、公立圖書館花納稅人的錢買了一大堆星座、血型的書，辦cosplay展覽、理財講座。以交大、清大兩所理工名校為例，固然都收藏了不少天文學著作，但是打「星座」兩字，就查到超過160種圖書，除了零星幾本天文學、神話著作，不外《12星座穿衣術》、《星座愛情兵法》、《看星座透視你的女人》、《星座宿命因果大破解》、《星座運勢大解析》之類。校方認為這些是「科普著作」嗎？小傳統的研究材料？還是「健康」的消閒讀物？大學圖書館是為了學生消閒嗎？前清大校長、天文物理學大師徐遐生先生不知有何感想？[3]

　　還有一個精彩的例子。洪蘭（2004: 171-2）：

> 有一次參加一個教育部的贈書會議。原來教育部有五千多萬元的預算可以買書贈給公私立高中職學生看，……可是一看到全國高中教師所勾選出來的「好書」時，我的心立刻往下沉。書單中有《豐胸100健

美》、《大腿100健健美》、《減肥教室》、《開運
招財好風水》、《陳圓圓與吳三桂的亂世情緣》、
《上海女人》、《巴黎女人》、《塑身按摩》、《韓
式主廚私房菜》、《陳圓圓與吳三桂的愛情糾纏》、
《楊玉環艷香凝露》、《楊玉環花影香魂》……這些
就是高中老師推薦給學生看的「好書」嗎？實在令
人難以置信。

我倒懷疑，是那些老師自己想看。這一來，問題就更
大了。

再看一個例子：夏志清（1921-2013）不喜歡看洋散
文，除非作者讀書比他多，人比他聰明，例如鼎鼎大名的赫
胥黎（Aldous Huxley, 1894-1963）。夏先生大概想不到，他
的母校台大沒有赫胥黎的散文全集，全台灣的大學竟然也湊
不出一套來。為什麼呢？到底是圖書館不收、書店不賣，還
是讀者不看、不買呢？可能都對。

Commager（1971）斷言，大學圖書館是美國的特長，
是過人智力和豐沛物力舉世無雙的結晶。幾十年後，我們物
力不及就算了，智力是不是也太丟人呢？

先喝湯，再吃肉

這本書主要是為普通讀者寫的。他們有些受夠了考試、分數，畢業後不想讀書；有些只看教科書、考古題，畢業後認為不必讀書；有些只看跟職業相關的書；有些只看閒書，把書當成下午茶、小點心；有些只看現代的書；有些把經典當成鬼神，敬而遠之；有些愛看書，卻不知道看什麼好。

希望他們讀了本書，有收穫；心動了，也看看經典，最好。

其實我們已經占了便宜。多虧中文的特性，我們讀一千多年前的唐詩、兩千年前的《史記》，比英美學生讀五百年前的莎士比亞容易。字沒認得幾個就看《紅樓夢》，終身痛恨曹雪芹的也許有；生字看成熟字，看出「一把辛酸淚」的也不乏人。何況中國的要籍，大都已有極好的點校注釋本。萬一注本也太難了，就找好的白話翻譯吧。就算讀《論語》讀不過專家、教授，那又怎樣？半吊子有半吊子的好處。肉吃不到，湯也不喝一口才可惜；而喝過湯，嘗過甜頭，有朝一日吃到肉也說不定。無論如何，機會在自己手上。

長尾的買書人

經典不是惟一值得讀的書，卻是好書的典範。讀過經典，眼光就不一樣。經典讀得越用心，鑒別好書的眼光越敏銳。起碼不盲目地從眾、追新，不會被排行榜愚弄。這樣的買書人是出版社、書店的商機，因為他更忠誠，更不計較書價。出版社與其不斷迎合花心的讀者、善變的潮流，疲於奔命，不如仿效曾國藩「結硬寨，打呆仗」的精神，培養讀經典、讀「硬書」的長尾（long tail）買書人。

如果讀者這樣自我期許，人漸漸多了，說不定可以改變出版業、書店的生態，起碼比指望書店當書評家要實際得多；也說不定可以「反攻」體制，由下而上，改變教育的理念和制度。

你愛看什麼書呢？

以通馭專的啟明教育

啓明教育（liberal education）

　　赫欽斯強調的liberal education該怎麼譯，頗費斟酌。liberal education不限於一般所謂的文科，誤會的人卻非常多，包括許多教育學者。「人文教育」、「文雅教育」忽略了科學的內容，「博雅教育」好像泛濫無歸，「自由教育」、「寬宏教育」太空泛，傳統的「大人之學」不夠清楚，「成人之學」好像是成年人的教育。資中筠（2005: ch. 6）介紹當年福特基金會所資助的教育計劃，提到所謂「文理科」，注釋說：「原文 "liberal education" 含義廣泛，在美國除我國通稱的文科外，至少還包括數學」。這比譯成「文雅科」、「博雅教育」好。我後來想到17世紀後期的「啟蒙運動」。康德在那篇名文裡說：

　　　　這種啟蒙只需要自由，……這種自由就是讓人人凡

事都獨立思考。〔Kant（1784）〕

　　到了今天，軍事上、法律上、宗教上的桎梏，越來越少；但是民眾依舊自我束縛地「不成熟」。換言之，我們也需要自由，也需要凡事獨立思考。我最後譯為「啟明教育」，只要不誤會為盲人教育，尚不失為貼切周到。

　　什麼叫啟明教育呢？這要從啟明教育的理想談起。亞里士多德《政治學》（Politics）最後一卷專談教育。因為人是政治動物，而政治好壞的關鍵在教育。所以

> 啟明教育的……目標是卓越的人、卓越的公民。成為一個人是目的，而不是手段；看重的是人生的目的，而不是手段。所以啟明教育是自由人的教育。其他的教育、訓練，把人當成別的目的的手段，或者充其量是關於人生的手段、謀生，而不是目的。（H3）

　　伯里克利（Pericles, 495-429 B.C.）有一篇弔唁雅典犧牲戰士的悼詞，擲地有聲，點出了民主的精神；例如，認為不關心公共事務的人，是無用的人（Thucydides, Bk. 2）。赫欽斯認為，任何人這樣「過自己受益的植物人生活」，就會危害整個社會。

　　民主大概不會死於被伏兵行刺，而是因冷漠、不關
心、營養不良而慢性滅亡。（H2）

　　新亞書院的學規：「二、做人的最高基礎在求學，求
學之最高旨趣在做人。」〔錢穆（1953）〕很能道出赫欽
斯心目中求學與做人的關係。只不過，赫欽斯著眼政治，
講究鍛煉頭腦，造就的是理性的公民；錢穆著眼倫理，政
治只是倫理的延伸，講究涵養性情，造就的是德性的生
靈。「德不孤，必有鄰」，1953年，福特基金會資助新亞
書院20萬美元。

　　赫欽斯的啟明教育是個宏觀的理論，大旨可以概括為
「以通馭專」。

先做人，再做專家

　　他的「通」最少有兩層意思：一、從教育的目的說，
先學做人（公民），再學做專家，人不能化約。二、從教育
的內容說，是學識上的兼通。所以他說：

　　　如果任何共同的計劃都不可能，如果沒有所謂

人人該受的一貫教育，那麼……任何社會都不可能存在。人人都不同，但是人人也一樣。我們每個人一定要當專家，也一定要做人。……

　　這種教育與人性的關係，也許叫人想起盧梭的名言來：「我覺得學生打算從軍、當教士、當律師，都沒什麼關係。在父母為他選擇一種行業前，大自然要他做一個人……學生離開我的時候，不是官，不是兵，也不是教士，而是一個人。」（H8）

　　盧梭（Jean-Jacques Rousseau, 1712-1778）是法國思想家、教育學家、文學家。引文見Rousseau（1762: Bk. 1）。有趣的是，百年後的馬克思跟他「對話」：

　　而在共產主義的社會裡，任何人都沒有特定從事的活動，每個人都可以做任何喜歡的事做得到家，而社會調節總體的生產，好讓我可以隨心所欲，今天幹這個，明天幹那個，上午打獵，下午捕魚，傍晚牧牛，晚飯後寫評論，卻不叫我就此成了獵人、漁夫、牧人、評論家。

〔Marx（1983: 177）〕

　　我們的教育失敗，因為跳過了這個關鍵的目的。黃俊傑（2005／3）提到某通識教育講座：

　　　　有人請張忠謀去演講，演講完畢聽眾提問時，許多學
　　　　生不是來聽張忠謀這個人如何成為現在這個人，或是
　　　　他在哈佛大學受到哪些好的通識教育，學生不關心這
　　　　些教育本質上的問題，反而問「請問張董事長，您如
　　　　何把台積電經營成世界一流的企業？」，像這樣問
　　　　題，實在不應該是一個18歲至22歲的人應該關心的問
　　　　題，我在那些學生的眼裡看見，張忠謀在他們眼中不
　　　　是一個人，而是一張美鈔加上兩隻腳。

　　傅雷教傅聰先學做人，再當藝術家、音樂家，然後才是鋼琴家。新亞書院的學規：「你須先求為一通人，再求成為一專家。」〔錢穆（1953）〕用中國傳統的話說，教育是成己成人。人不能化約。

關鍵觀念

　　第二層意思不難懂，卻容易誤會。赫欽斯說的通，不

是每一樣學問都是專家，因為一個人精力有限，勢難事事精
通；而是把握種種學問間一以貫之的關鍵觀念，揣摩背後的
方法和精神。

> 受過啟明教育的人，腦筋可以思考任何科目的問題。
> 他也許是某科的專家，卻可以了解任何科目的重大問
> 題，而且可以從中借鏡，用在自己的專科上。（H3）

有人說學術是有機體，各門各科都息息相關。例子很
多，李維史陀（Claude Lévi-Strauss, 1908-2009）的結構人
類學取自語言學的觀念，孔恩明言典範理論借用自文學、
音樂、藝術、政治等的歷史〔Kuhn（1962: Postcript-1969,
7）〕，心理學家康納曼（Daniel Kahneman）拿諾貝爾經濟
學獎，不勝枚舉。只有死頭腦，沒有不相干的學科。

赫欽斯心目中的專與通，大概像愛默生（Ralph Waldo
Emerson, 1803-1882）是詩人、哲學家，不是專業的科學
家，卻能欣賞法拉第（Michael Faraday, 1791–1867）講的電
學，從中獲益；傑斐遜（Thomas Jefferson, 1743-1826）是科
學家，卻有高瞻遠矚的政治見解，為美國、為世人寫下《獨
立宣言》〔Sagan（1995: 425-8）〕；懷德海（Alfred North
Whitehead, 1861-1947）是數學家，卻能讀荷馬史詩、莎士

比亞，能用詩意的文筆寫科學著作。而赫欽斯認為，只要經過恰當的指導，來讀經典，人人都可以這樣的通；不必是專家，也能掌握關鍵的觀念，了解重大的問題。

「通人」不論從事任何職業，都能應付裕如。赫欽斯的「戰友」阿德勒提過一個小故事，頗能道出其中的道理。當時他正為《西方經典》編一套名為〈意典〉（*Syntopicon*）的附錄，即按一百多個關鍵觀念（Great Ideas）編的內容索引，花費甚多。一家出資公司的人問他說：「我喜歡做買賣，請問我翻開〈意典〉，找得到『推銷術』嗎？」阿德勒反問他說：「推銷是不是說動人家買我的東西？」對方同意。阿德勒說：『〈意典〉裡有「修辭」（rhetoric），找得到許多涉及游說的有用材料。』〔Adler（1983: ch. 4）〕

一般人說學以致用，是學習特定職業的技藝，用在該職業。他說學以致用，是鍛煉腦筋，叫人不管從事任何行業，都能靈活應變，不管面對社會上任何重大問題，都能獨立判斷。

一般人說因材施教，是因應不同個體的特性；他說因材施教，是因應人類全體的共性。西方歷史上討論的大問題，諸如真、善、美、自由、平等、博愛、公義等等，什麼是好的人生？什麼是好的政府？難道不是今天的爭議嗎？不是東方的大哉問嗎？日常生活裡大大小小的實務問

題，不都牽涉這些關鍵觀念嗎？

　　現代的教育，是學窄用窄，學一變以應一變；啟明教育的理想，是學廣用廣，學不變以應萬變。

　　這種「通」不只關係個人的修養，而且是民主的基石。現代人對自己專業以外的事，往往不是驚人地無知，就是漠不關心。總以為學好自己的專業，有本事賺錢，人生就有保障；殊不知社會越現代化，小我的福祉越取決於大我。作家、技工不必精通農學、遺傳學，卻要能判斷反基改食品有沒有道理；美術設計不必精通經濟學，卻要能判斷過低的電價是好是壞；會計、消防員不必是政治、國際關係專家，卻應該明白世界核霸致力「朝鮮半島非核化」是什麼一回事；廚師、醫師，甚至牧師，都不必精通社會學，但如果沒有人文的薰陶、歷史的多向度，就很難由衷地尊重移民、關懷難民，世界就很難和諧了。許多人穿衣、吃藥、搭電梯、吹冷氣，卻反同婚、反基改作物，因為「不自然」。「愛國」尤其是個危險的觀念，民族主義跟民粹一樣可怕。腦筋不清楚的公民，很容易被有心人藉口國家安全，剝奪他們的權利、自由；[4]而不成熟的公民得到自由、民主，卻好比彈

---

[4]　史諾登（Edward Joseph Snowden）的事就是個典型例子。《天下雜誌》有一篇一針見血的讀者投書說：「哲學家羅素早就說過：『只有公義可保平安』（Only justice can give security）。最近史諾登的話題變成國家安全與個人隱私的拔河，個人認為這是個假議題，有意無意的混淆了視聽。

藥庫的小孩子拿到火種。不論有沒有自由、民主，假如沒有理性的公民，一樣是災難。

　　我們越通，越能推己及人。不但要關懷身處的社會，而且要放眼世界；因為國家、民族不過是變動不居的人為虛構，只有個人和人類是永恆的。赫欽斯希望人人是世界公民。

讀經典不為復古

　　經典大多是老掉牙的古籍，但是經典之為經典，在於永恆的現代意義。所以赫欽斯強調：

> 這樣建議，不是發思古之幽情。……我們相信，經典對話就是當頭棒喝，可以喚回西方的理智。我們希望大家再次聽見——不是為了回到古代、中古、

……如果美國的外交政策不變：友人可以為非作歹、不受制裁，敵人有一分錯就打十個板子；友人可以欺負敵人，敵人不能跟友人討公道。那麼，美國將永無寧日；死一個賓拉登，就有千百個等着前仆後繼。只有公義可保平安，因為公義待人，等於在源頭上滅火。儘管累世燒成的大火，一潑難熄；但潑一勺，仇恨的火就減一分熱，久而久之，餘溫也就不燙人了。畢竟像九一一那樣的行動，沒有血海深仇來添柴火，是燒不起來的。歷史上，國家安全和戰爭一樣，是恐嚇的利器；而人民的恐懼正是濫用權力的保護傘。一國的安全，若建基於對別國的不公，既不應該，也行不通。政府真為人民着想，請拿公義待人。」（526, 2013／7／10-23）

> 文藝復興、十八世紀。我們心知肚明，自己不是活
> 在任何別的年代，而是活在現代；……我們希望大
> 家再聽見經典對話的聲音，因為可以幫助我們，學
> 會在現代過得更好。（H1）

很多人誤會赫欽斯是復古派，但是研究中國史的大家
也誤會，實在奇怪。何炳棣（2004: 339）：

> 他攻擊科技支配下資本主義社會的功利與短見並沒有大
> 錯，但他極端提倡復古（希臘經典哲學教育），輕視譏
> 諷實用科技與職業高深訓練是反潮流，反進步的。

何先生在史學上有他的成就，但是他看赫欽斯，跟當
年看文革一樣，大錯特錯。

東西會

赫欽斯感時憂世，尤其擔心核武問題，提倡世界政
府（World Republic），是「世界憲章草擬委員會」（The
Commission to Frame a World Constitution）的召集人。

各國爭霸的亂局，到頭來早晚一定開戰。所以我們
必須有世界法，由一個世界組織來執行，而這個組
織一定要靠各國的合作、交流來建立。（H10）

而東西方的交流，彼此必須先了解自己：

西方要培養足夠的受過啟明教育的人，東西方的
了解才能普及。（H11）

目前我們能做的，惟有了解自己，好讓自己準備
好日後的東西會。……有朝一日，我們對自己的傳統
的了解，足以了解別人（H11）

換言之，知己才能知彼。

鄧爾麟的《錢穆與七房橋世界》，是以美國人的眼光
來看東西交會、新舊轉化時期的中國知識分子，一面闡釋
錢穆的文化自信，一面尋求跨文化的普遍真理。書末卻引
了錢穆的一番話作結：

今天以後的世界，將是一個解放的世界，不要爭論
「資本主義」抑或「共產主義」是將來文化的正

統。這雙方的對立，便是近代西方文化發展出的
一個病症，而表現了兩種相反的病態。今天並不是
說西方文化一定沒落，它應有它將來的生命。但這
並不便是我們的生命呀！我們要解決我們自己的問
題，該回頭來先認識自己。

〔Dennerline（1989: 136），所引出自錢穆（1951: 22）〕

　　費孝通晚年總結一生的研究，特別提出「文化自覺」的
重要。

　　這四個字也許正表達了當前思想界對經濟全球化的反
應，是世界各地多種文化接觸中引起人類心態的迫切
要求，要求知道：我們為什麼這樣生活？這樣生活有
什麼意義？這樣生活會為我們帶來什麼結果？也就是
說人類發展到現在已開始要知道我們的文化是哪裡來
的？怎樣形成的？它的實質是什麼？它將把人類帶到
哪裡去？……文化自覺只是指生活在一定文化中的人
對其文化有「自知之明」，……不帶任何「文化回
歸」的意思，不是要「復舊」，同時也不主張「全盤
西化」或「全盤他化」。自知之明是為了加強對文化
轉型的自主能力，取得決定適應新環境、新時代時文

化選擇的自主地位。

〔費孝通（1997）〕

黃俊傑（2015b: 239-40）：

愈深入亞洲本土的文化，就愈能走向全球化；愈特殊的文化遺產，就愈能夠普世化。五百多年前，孔子與其學生在山東半島思考許多當時的文化與政治問題，雖然具有其時間與空間的特殊性，但也因為他們的思考夠深刻，因此就蘊含了普世性的意義與價值。在「特殊的」與「普遍的」之間，以及「地域的」與「全球的」之間，其實是從有一種辯證性發展的關係。

他們跟赫欽斯一唱一和，好像東西方的異代對話。

職業訓練不等於教育

　　赫欽斯不是反對職業訓練、專業分化，而是反對把職業訓練當成教育，反對分崩離析的專業。

走樣版的杜威式教育

　　現代的教育體制深受杜威（John Dewey, 1859-1952）的理論的影響。他在《民主與教育》（*Democracy and Education*）裡說：

　　　　職業是有目的的連續活動。利用職業來教育，比利用其他方法，可以結合更多有利學習的因素。這個方法可以啟動本能和習慣，克服學習被動的問題；有期望的目標，有待完成的結果。於是心思得以集中；這個方法要有持續的目標，好讓活動一定循序漸進；每個階段都需要觀察、技巧來克服困難，發現操作的方法，加以調整。總之，一項職業，學習

時以活動的實踐而非只以外在產品為目的，就滿足
了上文所論目的、興趣、思考的種種要求。

〔Dewey（1916: ch. 23）〕

所以，

「不論實務上、理論上，現代教育的關鍵，在於把
教材、教法逐步重新設計，好利用社會上典型的不
同行業的形式，來傳授知識上、道德上的內容。」
〔Dewey（1916: ch. 23）〕

而採用的職業，取決於

「當時學生的需要和興趣。」〔Dewey（1916: ch.
23）〕

換言之，根據杜威的理論，職業只是教育的手段，不
是目的。然而，學生

「迷上那一項職業，老師就應該教導我那項職業，
這種觀念實在太驚人；所以杜威的徒子徒孫不願意

按字面的意思來理解，制定以謀生為目標的職業學
校就算了」（H4）

教育體制捨本逐末，錯誤的觀念越發根深蒂固：

有人認為教育的目的是讓年輕人適應環境，尤其教
他們謀生，這個也許在美國最流行的觀念，是杜威
所痛詆的，卻常常以他的名義來提倡。（H4）

於是，「以職業來教育」就堂而皇之地變成「為職業
而教育」（H4）。[5]

職業環境難以複製

赫欽斯認為學校的首要目的是教育出有腦筋的個人、
卓越的公民，就算要為產業培養人才，也是間接的。

除了個別有非常獨特、強烈性向的例子以外，年輕

---

[5]　這有點像格魯恩（Victor Gruen, 1903-1980）的情形。他設計購物中心是
　　為市郊的人製造公共空間，促進社交生活，結果事與願違，不但商業消費
　　喧賓奪主，大部分購物中心還倒過來破壞街區鄰里的生活。這不是他的初
　　衷，大家卻把他當成購物中心之父。

人對職業的興趣既不濃厚，也不持久；幾乎事到臨頭，才毅然決定自己的職業。甚至在決定時對那項職業所知甚少，直到像學徒那樣在實際的工作環境從事後才漸漸認識。他們要體驗過，賺過薪水，當過公民；才可以了解那些職業，尤其那些社會、經濟、政治脈絡。我強調，課堂上的模擬經驗不能代替人生的真實經驗。模擬的經驗只會給人錯覺：讓人誤以為他了解所不了解的東西。（H4）

赫欽斯一針見血地指出，除了醫學院，學校不可能提供真實的職場（包括「所必須依存的社會、道德、科學脈絡」）。批評杜威：

他似乎也沒有察覺，在學校學習職業的實際困難。學校無法複製工業、商業、金融、學術性專業的實際環境。設備、方法、教師，都永遠落伍。（H4）

杜威說實務操作以引起興趣、設定目標來教育學生……結果不是在教育體制裡學習職業，而是以當學徒來學習職業。（H4）

人口的流動性

其次，人口是流動的：

> 流動性有不同的種類——空間的、職業的、經濟地
> 位的。在某地方針對該地方的職業受的訓練，被人
> 拋諸腦後；因為受訓的人幾乎一定會到別的地方或
> 幾個不同地方去生活、工作。特定工作的訓練一樣
> 派不上用場，因為受訓的人常常從事幾種不同的行
> 業，而不是受訓那種。（H5）

現在的產業界和學生常常抱怨學校教的不能學以致
用，卻不知道這正是職訓式學以致用的結果。

總之，世界變得越快，針對性的職業訓練越難應付，
只會叫大學為了表面上的學以致用而疲於奔命，而業界仍然
不滿意。於是，台灣的「產學合作」應運而生，其實就是學
徒制的擴大、學校功能的萎縮，也可以說，學徒制侵蝕了學
校的功能。

教分還是教合？

此外，還有一個流弊：

> 強調職業訓練，強調科學實驗，強調專業分
> 化，……不能促進國力裡更重要的部分，即老練的才
> 智，對國家理想的了解和熱愛；也不能叫國家更團
> 結。相反，強調這些是叫國家分而不是合。（H10）

> 現在的人一味只顧著自己的職業和同一行的特殊
> 利益，……只關心自己的個別利益，沒有人關心社會
> 的共同利益；……而這樣殘存的社會，為了強調個體
> 而犧牲共同的人性，加速地分崩離析，不就是因為職
> 業的學習嗎？（H4）

這關係社會的福祉，比個人識見上的「隧道效應」
（Tunnel Effect）嚴重多了。

赫欽斯認為，沒有像樣的公民，民主就是災難。大學
的惟一宗旨是鍛鍊頭腦，應該先以人類基本的大問題、共通
的關鍵觀念來教育人才，培養出胸襟闊大、眼界恢弘的公

民，然後才成為專業人士。所以啟明教育既非專業訓練，也不是為博而博，而是以通馭專。萬一跳過了「卓越的公民」這個目的，就算訓練出一大批專家來，也不能造福社會。

洪蘭（2004: 81）：「我們一向標榜孩子的聰明，卻沒有人去標榜他是個好公民。」現代的台灣就是專家一堆、百病叢生。這不是上幾堂公民課解決得了的。

學生的興趣多變

學校教的職業，學生不一定有興趣；學生有興趣的，學校卻難以一一滿足。赫欽斯以自己為例：

> 從六歲到十四歲，我希望當賣冰人（現在絕迹的行業）、馬拉街車的「司機」（也絕迹了）、消防員、郵差、警察、職業棒球員、傳教士，旋定旋改。（H4）

> 看樣子，現在所有美國的年輕人在某個年紀都想當牛仔。……就算教育體制有辦法……訓練出一代出色的牛仔；教育體制為此奉獻，有什麼公共利益呢？（H4）

　　類似的「職業病」還傳染到中國。陳平原（2009: 30-31）：

> 晚清開始的教育改革，幾乎每一步，都是外力逼迫
> 造成的。……同文館的創設乃西藝思潮的潛伏期、
> 留學教育中西藝始終佔了主導地位、民國以後西藝
> 思潮逐漸退化為職業教育，……當初編造「牙科翰
> 林」、「獸醫進士」等笑話者，倘若百年後再生，
> 見到諸如「旅遊大學」、「體育大學」這樣的招
> 牌，大概再也笑不出聲來。

　　台灣還有餐旅大學、影藝科技大學，至於一般大學為
種種職業而設的系所就更多了。

求知的直接回饋

　　我認為杜威以職業誘導學習有個根本的錯誤。人天生
好奇，求知本身就有樂趣；科學家認為這才是符合人性的
樂趣。

> 　　對孩子來說，「發現」帶來快樂，就像一種會上癮

的毒品，探索創造出更多發現的需求，也讓人感受
到更多快樂。這是一個直接的回饋系統，假如允許
孩子去滋養它，它會繼續到入學後。……我認為這
個循環有可能會被打破。一年級的時候，孩子學會
教育的意義是拿A，他們開始了解取得知識不是因為
知識有趣，而是A可以替他們帶來一些好處。對知識
的熱忱會被「我要知道什麼才可以拿到好成績？」
所取代。

〔Medina（2014: 309-10），洪蘭譯〕

就算以職業誘導學習有杜威聲稱的好處，畢竟捨本逐
末，跟拿A一樣是間接的回饋。

拿A的間接回饋，到頭來扼殺求知的直接回饋，關鍵在
大人的態度。薩根談到一般學校老師怎樣應付學生的提問，
尤其月亮為什麼圓、草為什麼綠之類「蠢問題」（dumb
question），對照他小時候學歷不高的父母給他受惠一生的
啟發〔Sagan（1995: Preface, ch. 19）〕，真叫人感慨。

你對生命的要求是什麼？

許多人認為啟明教育的確好，但是「不是人人學得

會」，「費力教育那些民眾是白費工夫的」。這一來，

> 民主就不能要求人人要受啟明教育。……補救的方
> 法，是把少數學得會的人從多數學不會的人裡揀選
> 出來，……其餘的人就退而求其次，給他們剛好有
> 興趣的職業訓練或學校的什麼活動。（H8）

　　現代的學制，不論什麼國家，大都不是啟明教育，但
是許多人都有類似的「退而求其次」的想法。他們相信：人
分成兩種，一種是讀書的料，一種不是。
　　什麼叫「讀書的料」？洪蘭（2004: 116-119）講了列德
曼（Leon Lederman）的故事，很有意思。列德曼是1988年
諾貝爾物理獎的得主。有個喜歡科學的大學生寫信問他：

> 　　你什麼時候知道你是得諾貝爾獎的料？我每天都
> 很用功，但是好像拚不過我的同學。
> 　　我的最好才等於別人的平均，所以我不知道我該
> 不該繼續去作科學家的夢。
>
> 　　假如我不是得諾貝爾獎的料，我乾脆早一點投入
> 職場。以芝加哥大學的學位，我可以找到一個薪水不

錯朝九晚五的工作，但是我必須承認，……我不願如此過一生

列德曼從前念免費的紐約市立大學，成績普通，是拿B的學生，回答說：

今天一個在校成績平均是B的科學家或工程師是可以找到薪水不錯的工作，但是你要問自己，你對生命的要求是什麼？假如你可以想像早晨睜開眼就迫不及待地趕去實驗室，晚上精疲力倦才回家，腦海裡想的不是加班費而是實驗結果，那你就可以投身科學領域。這是個薪水低、時間長的工作，但是它帶給你的滿足不是金錢可以衡量的。至於我什麼時候知道我是個諾貝爾獎的料？當他們唱我的名字叫我領獎時。

文的料、理的料？

「讀書的料」還有科系版：有些人不能念文，有些人不能念理。赫欽斯自述學生時代：

聽過許多偉大的科學著作，但是避免參考，因為太難

了──我為有一副「數不通」頭腦而自豪──也不需
要讀，因為不是要當科學家。（H2）

後來才反省：

既然現代的社會上有無數工程師、技師，應該有很
多讀者覺得數學、科學的名著比別的書好懂才是。
然而，正如巴爾（Stringfellow Barr）所說：這世界很
快地分成兩種人：一種是分不出一首好詩跟一首濫
情歪詩的技術人員，一種是對電力一無所知、只會在
需要時按開關的『雅士』。在事事技術化的社會上，
公民對數學、自然科學的基本觀念，懂得越早越好。
（H1）

　　巴爾（Stringfellow Barr, 1897-1982）是歷史學家，聖約翰
學院（St. John's College）院長，與布坎南（Scott Buchanan,
1895-1968）一起在該院創立赫欽斯提倡的經典課程。他的
預言早已成真。而且，念文科而分不出好詩壞詩的，念藝術
而覺得商店招牌的字跟法帖差不多的，也很多；別說污辱我
們的品味的所謂「當代藝術」，把藝術學者也搞得昏頭轉向
了。Paulos（1988: Close）提到，現代社會完全依賴數學和

科學，卻有無數的公民是數盲、科學盲，我們對此竟然漠不
關心，叫他既憤怒，又難過，也促使他寫《數盲》。

> 讀者只要比較一下，是但丁的《神曲》難讀，還是牛頓
> 的《數學原理》難讀，……但丁的傑作有一套時尚的學
> 術，幾乎跟時尚的數學一樣艱深。這部作品大半牽涉語
> 言學、形而上學、歷史。普通讀者只聽過這些研究資料
> 卻從未看過，卻意外地發覺，他讀得懂但丁。（H1）

赫欽斯認為，文學經典跟科學經典一樣，背後都有深
厚的學問；一般人既然看得懂文學經典，也照樣看得懂科學
經典。話沒有錯。好比一般人，甚至小孩子，不必懂古代政
治，什麼儒、佛、道三家思想，照樣可以欣賞《西遊記》。
同樣，你根本不必懂什麼對位法、賦格，也能欣賞莫札特第
41號交響曲〔焦元溥（2013: 53）〕。問題是這年頭大家把
《神曲》，甚至《西遊記》，也當成天書；古典音樂也好像
深不可測、高不可攀。

另一方面，數學家、生物學家布勒諾夫斯基認為，
一般人了解現代科學的難處，跟他十二歲剛到英國時學
英語、後來欣賞文學的難處，性質是一樣的〔Bronowski
（1951）〕。

　　赫欽斯說科學跟文學一樣容易，布勒諾夫斯基說文學跟科學一樣困難，其實都指出了同一件事：科學與人文是共通的。偏文廢理、偏理廢文，多半是壞教育的結果。

因壞教育而放棄教育？

　　也許有人會質疑，不是每個成績普通的學生堅持下去都有了不起的成就，讀不成就是讀不成，魚不會爬樹。台灣也常有家長說子女或學生自認不是「讀書的料」，想改念職業學校或去當學徒；衡諸實情，也有根有據。

　　問題是，這個分別到底是因，還是果？小孩子是天生的藝術家，長大後絕大多數卻不是，這是人人都知道的。反而是沒有受過正規教育的人，保住了美術的天分，像許多不識字的老農畫起畫來，常常叫人驚嘆。與其說人又分成兩種，一種是藝術家的料，一種不是；不如說後天的「教育」扼殺了原有的創意，摧殘了豐富的天分。同樣，很多人不是念書的料，是「教育」的結果；教育砍掉了他們的手腳，才不會爬樹，才變成魚。

　　壞教育等於「反教育」，受害的人的確該另謀出路，但是許多書念不好的人也當不好學徒，只是換一個地方受罪、拖時間而已。即使學了一技之長，足以謀生，也不一定

足以彌補缺陷。他可以成為專業人士，卻不見得是個成熟的人、像樣的公民。所以在台灣，滿街有一技之長而頭腦不通的人。等而下之，還有藥學博士在實驗室製毒。

聽說某舞蹈家大學念得不好，就接到前輩舞蹈家的電話，問他要不要乾脆不念、來舞團云云。問得對不對，很難說；還沒畢業的舞蹈家怎樣選擇，也很難一概而論。現代舞的祖師婆鄧肯（Isadora Duncan, 1878-1927）沒有上過學，不也是古道熱腸的好人、悲天憫人的世界公民？可是她也從小自學，通多國語言，博覽群書，學問遠勝台灣一大堆博士、教授。

我們強調「……的料」，到底是適性的因材施教，還是因壞教育而放棄教育呢？

啟明教育不容易學，卻並非不能學。好比說《聖經》難讀，但是就算平信徒讀不過神學家，既然有人讀了得益，就應該確保所有平信徒都有機會讀。這是宗教改革的成果，教育也應該這樣改革。

挨餓的好公民？

有人也可以質疑，就算人人學得會，還是不切實際，因為：

> 啟明教育對挨餓的人沒有益處；人生的首要責任是
> 謀生，而學習謀生，實際謀生，就占了青壯年可以
> 專心接受啟明教育的時光云云。（H5）

赫欽斯認為，受過啟明教育的人具備真正的通識、獨立的思考，不論從事任何職業，都是上等人才。

> 借杜威的話，一個人有了點才智，想精益求精，就
> 會『把經驗重構、重組』。我們不必擔心他學不會
> 怎樣謀生。（H4）

不過，話說回來，頭腦好跟事業暢是兩回事，卓越的公民不一定一帆風順。

著名紅學家曾經有感而發，寫了一篇談名著與飯碗的文章，結論是：『名著不是飯碗，但名著卻可以提高你的人文素質，幫你找到「飯碗」！』〔胡文彬（2000a）〕我不想責怪胡先生，但是這種類似空頭的支票，反而坐實了找飯碗的道理，越發叫人輕視名著。讀經典（不論人文、科學），可以鍛鍊腦筋，修心養性。頭腦好，就往往有才幹；但是才幹不等於飯碗。

　　總之，讀經典叫人更接近理想的人，而不是更接近飯碗。其實這年頭，越高位的人常常越沒有智慧、才幹，也越沒有修素。到頭來是價值觀的問題：你期許自己更接近理想的人嗎？用列德曼的話說：「你對生命的要求是什麼？」

工作是為了閒暇

　　赫欽斯批評職業訓練的為害，有幾段既精警、又沉痛的話：

> 　　把職業學習當成教育重點的問題在於賦予職業不相稱的地位。工作是為了閒暇。杜威先生怎麼安排閒暇呢？會不會忽略目的，只顧手段，所以當手段給了我們目的，我們就不知道怎樣面對自己呢？（H4）

> 　　沒有教養的政治權是危險的，沒有教養的閒暇既丟臉，也危險。（H5）

> 　　有史以來，有兩個目的鞭策著人類：一是征服自然，一是免於勞苦。現在這兩個目的成功在望；同時，人類的成就，到頭來卻似乎叫我們的生活越過越

　　無聊。……說到底，我們是人。人，雖然是動物，卻
不只是動物。人是理性的，無法單靠滿足動物的慾望
來過活，更無法靠動物也不會糊塗到沉溺其中的娛
樂來過活。他一定要動腦筋；一定要覺得自己在做的
事，鍛煉了自己的才智，也幫助同伴這樣，否則就不
算一個人。（H9）

　　這些警世的話，叫人心有戚戚焉。余英時（1985）
從大眾的低級趣味、一味追求感官娛樂看到現代文化的危
機。以香港為例：

　　　　香港也談不上有真正的民間文化。整個地看，大
約「聲色犬馬」四字足以盡其「文化」的特色。

　　　　香港大多數的中國人都勤奮上進，……何以眼看
著這個社會在精神上如此墮落而竟無動於衷？這實在
是一個頗難索解的現象。……香港所享有的「自由」
是任何其他地區的中國人社會所望塵莫及的。但是在
文化的層次上，這種自由似乎負面的意義遠大於正面
的意義。

我想赫欽斯會回答說：「因為學校只教他們謀生，沒有教他們生活。等他們能夠謀生，就不知道怎樣面對自己。因為莫名地空虛，只好用聲色犬馬來填補心裡不知道破在哪裡的洞。」現在，香港的自由已大不如前，漸漸不如台灣了。然而台灣的自由，也跟從前的香港一樣，負面的意義遠大於正面的意義。我們學西方的民主、法治，只學得些皮毛；學「不算人」的娛樂卻十分到家，有些恐怕還青出於藍。

《中庸》：「人莫不飲食也，鮮能知味也。」人只會工作，不會生活；猶如只知飲食，不知飽，也不知味。既賺大錢、人生也健全美滿的人當然有，但是反面的例子可能更多。惟一的安慰，只在於經過社會和學校的薰陶，大家對美好的人生已經麻木了一半，只要埋頭賺錢或埋頭享樂，就感受不到缺陷和空虛了。

時間不夠？

赫欽斯認為，啟明教育和謀生並不矛盾。只要調整一下鬆散的課程，

把美國教育裡無用、淺薄、無聊的東西擠掉……

騰出充裕的時間給啟明教育（H5）

全民的啟明教育和職業訓練、科學實驗、專業分
化可以並行。（H10）

台灣的課程太繁重，不是囫圇吞棗，就是該學的反而
沒學，也該「擠」一下。

*　　　*　　　*

總之，赫欽斯的理論是高調的理想，似乎不切實際；然
而不妨想想，近百年來，我們不惜代價地務實，今天又務到哪
裡去呢？

興趣不等於自由

教育應該尊重興趣，有興趣才學得快樂、學得好。台灣
的教育不尊重興趣，洪蘭女士一再針砭，個人十分贊同。然
而，尊重興趣，不等於興趣至上，也不等於學習上一切自由。

赫欽斯不是不尊重興趣，也不是反對適才適性的教
育。他只是說，你首先是人類的一分子，其次才是個人；你

必須先做世界人，再做你自己。

　　如果任何共同的計劃都不可能，如果沒有所謂人人
該受的一貫教育，那麼……任何社會都不可能存在。人
人都不同，但是人人也一樣。我們每個人一定要當專
家，也一定要做人。……

　　這種教育與人性的關係，也許叫人想起盧梭的
名言來：「我覺得學生打算從軍、當教士、當律師，
都沒什麼關係。在父母為他選擇一種行業前，大自然
要他做一個人……學生離開我的時候，不是官，不是
兵，也不是教士，而是一個人。」（H8）

他站在人有共性的立場，來批評教育界個人差異的教條：

這教條大概是說：每個人都不一樣，所以每個人需要
不一樣的教育；……現在這種教條在美國的教育家心
裡根深蒂固，以致你經常聽到大學校長誇口，他的學
校裡沒有必修課程。每個學生的課程，是按他自己
的需要和興趣來編排，即通常說的『量身訂製』。
（H8）

　　台灣的清華大學最近也來實驗，招收了七名學生，讓他們自訂課程，自選老師。哲學家羅素說，學生在學校應該愛學什麼就學什麼。赫欽斯問他說：

> 這樣對待學生，不是罪惡嗎？假設一個孩子不喜歡莎士比亞，我們應該由得他長大成人也不了解莎士比亞嗎？而到時候，他不會回頭把老師當成騙子，騙走了他的文化遺產嗎？（H8）

　　羅素只好說，會要求學生讀一部，不喜歡就算了。

　　說到底，真的尊重「興趣」，何必「讀一部」呢？可見學生自訂課程是荒謬的、「興趣派」教育家自欺欺人。興趣論是不通的。如果孩子只愛看漫畫，就由得他「自主閱讀」嗎？如果孩子才知道自己的需要，何必要老師呢？如果孩子說，沒興趣去任何學校，沒興趣學國、英、社、數、理、化等等，沒興趣讀書識字，難道由得他嗎？

> 我們往往低估年輕人的智力，同樣，又往往高估少不更事的人的經驗，把他們自述的興趣、需要看得太重。教育家應該比學生更了解教育是什麼。……教育的藝術大半在於誘發人對應感而不感興趣的事

物的興趣。教育家的任務就是找出教育的一貫本
質，然後發明誘導學生的方法。（H8）

　　所以，「如果到了高中還只看漫畫，那就更不應該再
給他們看漫畫了；學生不是要討好，而是要教育，為人師
長父母者必須想辦法引導他們看文字。」〔洪蘭（2004：
172）〕。正因為教育要引導學生、激發興趣，所以教育不
是科學，而是藝術。

經典就是看不懂的書？

　　問起那些是經典，大家最少說得出一兩本；問起經典的定義，就有點為難了。好比說，我們大概知道生命是什麼，可是「生命」不好定義。[6]黃俊傑（2015a: ch. 7）全面而扼要地剖析了經典教育的種種問題，認為經典有三大特質：社會政治的關懷、形上學的超越、喚起心靈的覺醒。不過，也許在一般人的心目中，經典就是看不懂的書。這個「俗見」也對了一半。赫欽斯說得再好不過：

　　　　一方面，經典是最難深的書；另一方面，經典是最淺白的書，是寫給所有人讀的。（H2）

　　　　經典最艱深，因為處理的是人類所能面對的最棘手的難題，牽涉最複雜的觀念。
　　　　因為沒有人能夠把人類生存的基本問題討論得那

---

[6]　除了生物學家、哲學家的說法，物理學家薛定諤（Erwin Schrödinger, 1887-1961。不是薛丁「格」。）也寫了一本書來討論。

麼清楚、周到、準確，足以結束討論。每一個說法都需要解釋、糾正、修訂、擴充、反駁。

所以經典對話才永遠不會結束。

在某個意義上，沒有人讀得懂。

惟一的問題是：到底你能不能多少讀懂這些書，懂到足以參加經典對話，而不是你能不能懂到讀完了。（H2）

在處理人類思想最艱深的問題上，經典是最傑出的思想，表達得最清晰、最簡明。關於人類的重大問題，沒有更容易讀的書了。

假如你隨便拿起一本經典，讀了起來；就會發覺，經典遠遠沒有你以為的那麼艱深。（H2）

假如你讀了第一本經典，又拿起另一本來讀，就會發覺第二本比第一本好懂，而第一本也懂得比先前多了。（H2）

經典的確是讀得懂的，也許費時、困難，但是自然而然，終究讀得懂。（H2）

紅學大家曾說：「《紅樓夢》是一部既淺易又艱深，既易讀又難懂的書。」〔馮其庸（2008）〕，可見不論中西，這都是經典的特性。

越教越差

學生的程度一代不如一代，東西方都一樣；尤其第一次世界大戰後，教育急轉直下。Whitehead（1929: 2）說，多虧了壞教育，沒有上學的聰明中年婦女成了社會上最有文化的人。赫欽斯慨嘆：

> 美國的中學畢業生不識字，著名的學院、大學的學位也不保證畢業生有任何長進。而美國社會最奇怪的現象，就是「受過教育」跟「沒有受過教育」的差別微乎其微。（H8）

> 教育一落千丈，就算從像樣的學院畢業了，要了解比漫畫書深的東西，都力有未逮。（H2）

到了二十世紀末，還是一樣。薩根就提到，美國許多受過教育的人，看不懂六年級的課本，而六年級的課

本已經比幾十年前容易許多了〔Sagan（1995: The Path to Freedom）〕。夏志清（1974a）談了很多現代教育的問題，十分感慨：

> 到了今日，可說西方文明已經變質了。……二十世紀西方的「現代文學」大師，都是在第一次大戰前受教育，打好了根基的，……且看艾略特在美國聖鹿邑受的中學教育：……所以艾略特他們這一代人，雖然是二十世紀文學的創新人，受的卻是十九世紀的老式教育。

早探是為了重訪

我們在學校，多少也馬虎讀過點經典，懂多少呢？

有個簡單的測試。你在中小學、大學讀過而從此沒有再讀的任何經典，拿起來重讀。你本來以為已經懂，卻立刻改觀。例如：想想看，十六歲讀麥克白，跟三十五歲讀有什麼不同？我們惟有見過世面，不管借鏡別人或怎樣，結過婚，懷過大志；才懂得莎士比亞要我們懂的。如果我們童年、少年時

真的讀過經典，卻從此不再讀，就永遠不懂經典。
（H2）

經典應該趁早讀，但是人年輕，體會難深。大學者、紅學權威啟功說：

> 十幾歲時看到母親那裡有一套《紅樓夢》，但不許我看。偷著看了幾次，……只覺得都是一些『家常里短』，人物是些姥姥舅媽之類，情節是些吃飯喝酒之類，真使我廢書而嘆。認為這有什麼看頭，還值得那麼神秘？〔啟功（2006: 55）〕

幸好他後來重讀了。[7]
既然要享過福、吃過苦、嘗過悲歡離合，才懂得曹雪芹要我們懂的，年輕時又何必讀《紅樓夢》自討苦吃呢？因為「早早認識經典，目的正是為了要『重訪』。」〔焦元溥（2013: 50）〕何況淺嘗有淺嘗的滋味：

> 利文斯通爵士說：『我們大半生終日俗務纏身，

---

[7] 前陣子時報重新出版桂冠的《紅樓夢》，底本是人民文學出版社的，其實就是啟功帶頭校注的程乙本。

所以才要親近偉大的思想家、偉大的文學作品。』
（H3）

　　利文斯通爵士說：「一個受過訓練的學者讀埃
斯庫羅斯、柏拉圖、伊拉斯謨、帕斯卡，當然讀得比
張三李四好；卻不見得一般人不能從這些經典裡得
益。……因為我懂的、欣賞到的，遠比畫家、評論家
少，難道也不讓我看貝拉斯克斯、塞尚的畫嗎？難道
你要耽擱我們，不讓我們親近偉大作品，直到有朝一
日所有人受夠了教育來領會為止──而那一日遙遙無
期？不行，不行。明智的人讀經典、看名畫，對柏拉
圖、塞尚，對哲學思想、畫家藝術受的影響，所知甚
少，對自己的無知也心知肚明；儘管如此，他們從所
讀、所看，也大有收穫。」（H8）[8]

　　台灣有位作家上某台某得獎節目時，回答學生提問，
說年輕人看看輕小說也無妨，「因為過兩三年他就會看另
一個系列的書」云云。我一聽，像龔人吐血，登時「冷了
半截」。讀書節目請這種嘉賓，等於請鬼拿藥單，誤人子

---

[8]　利文斯通爵士（Sir Richard Livingstone, 1880-1960）英國學者，提倡古典啟
　　明教育。引文出自Livingstone（1944）。

弟。看慣輕小說的人進而改看別的嚴肅作品，恐怕少之又少。「輕」慣了，「重」的大概吃不消。就算真有人改看成功，又何必呢？不是白白浪費兩三年，徒然叫愛讀書的青春貧血、發育不良嗎？為了好消化，天天喝糖水；與其指望他過兩三年改吃別的有營養的食物，不如趁早勸他吃一碗十穀飯。

循序一定漸進？

這就涉及循序漸進的問題了。

> 學校裡的課程，都必須先修了一門，再修另一門。……讀經典必須先讀些什麼呢？答案很簡單：什麼都不用。因為要了解經典，不需要先讀相關的背景資料、二手作品。（H2）

> 我們不會因為一般人無法欣賞好的畫作、好的音樂，就只給他們看不好的畫作、聽不好的音樂。我們鼓勵他們儘量多看好的畫作、多聽好的音樂，深信這樣，他們才會漸漸領會，欣賞藝術和音樂。不會教他們退而求其次，欣賞次級品；因為我們斷定，次級品

　　沒有益處，只會壞了大眾的品味。（H8）

　　同樣，教學上的循序漸進，往往只會拉低學生的程度、壞了學生的胃口。

　　國中上音樂課，有一陣子用普羅科菲耶夫（Sergei Prokofiev, 1891-1953）的「彼得與狼」（*Peter and the Wolf*）作教材，大半班興趣缺缺。什麼這個主題是彼得，那個是狼，只覺無聊透頂，原來對音樂的熱情被這個次次次級品澆了一盆冷水。多年後，讀了些傅雷談音樂的文章，聽到朋友放的卡薩爾斯（Pablo Casals, 1876-1973）演奏的巴哈（Johann Sebastian Bach, 1685-1750）「無伴奏大提琴組曲」（*Cello Suites*），才重燃起古典音樂的興趣。

　　著名樂評焦元溥的音樂啟蒙，是小四時聽到布拉姆斯（Johannes Brahms, 1833-1897）的《悲劇序曲》（*Tragische Ouvertüre*），「我知道一般人不會拿布拉姆斯《悲劇序曲》給孩子作古典音樂『入門曲』，但這就是我的真實故事。」〔焦元溥（2013: 59）〕

　　在台灣，大家太強調教學法，結果不是學生越學越好，而是教學雙方越怕挫折。循序是為了漸進，但為免打擊學習動機，怕挫折，只好把標準降低。如果不能啟發興趣、領略境界，學生既不嚮往漸進，也沒有漸進的方向和

動力；循序就變相成了不必漸進的保證。標準越降越低，
卻越學越糟；惡性循環。學生受了長期的溫室教育，略有
疑難，就自動放棄，成了心理學「習得的無助」（learned
helplessness）的變相版。

經典的確比漫畫難懂；但是書的深淺，不但因人而
異，也因心態而異。如果你有心理障礙，遇到一分難懂，先
自氣餒，遇到三分難懂，就連聲認輸了。

所以我們應該把學生當運動員來教，培養他挑戰的動
機、永不氣餒的精神。不是每一次出賽都打得好，都贏；而
是百折不撓。一個愛打球的人輸了球，很少從此不打，反而
可能更努力練球。一個領略過閱讀樂趣和好處的人，看不懂
某本書，不會從此放棄閱讀的習慣，卻可能想：「多看一
兩遍，總會懂一些。」Adler and Van Doren（1972: Ch. 21）
從教育著眼，認為要多讀自己不懂的書（books that are over
one's head），才可以鍛鍊腦筋。「不懂」因人而異，他的
書就教人怎樣從不懂讀到懂。總之，不懂的書才值得看。

我常常疑心，台灣看過《哈利波特》的人比看過《西
遊記》原文的還要多。其實從前的小孩子看《西遊記》、
《紅樓夢》，看得眉飛色舞，哭哭啼啼，誰查過字典？難道
現在的大學生還不如從前的小孩子嗎？心態問題而已。夏志
清不寫不花力氣的文章，讀者不妨效法他的精神，不讀不花

力氣的書。

抄捷徑？

　　另一個問題是抄捷徑。好比打仗，抄捷徑和循序漸進一樣，都在應該攻堅挫銳時以為打游擊對付得了。

　　大家對教育魔法寄予厚望，幾乎是迷信。讀古書、外文典籍，都可以借助好的譯本；但是現代人常常指望二手材料的神助，包括大牌的名師、新穎的教學法、互動科技、「雞精式」導讀、改編本、簡寫本等等，可以叫他一朝一夕、毫不費力，就掌握經典的精華。既然「沒有教不會的學生，只有不會教的老師」；就沒有不能速成的學生，只有不會教學生速成的老師。

　　種種二手材料，好處在於好懂，壞處卻在叫人誤以為他懂了其實不懂的東西。我勸朋友別看漫畫《莊子》。他說：「漫畫容易看……」。我說這等於醉漢在路燈下找鑰匙──只因為那裡亮。許多人聽了眾多名家解說，看了一堆「XX精華」，就是沒有耐著性子把原著讀一讀。連學音樂也一樣。我在國中、高中聽老師口述，遠遠多於聽音樂，還一麟半爪的。口述的音樂會動聽嗎？陸上教游泳的二手音樂課不但興味索然，還會扼殺學生原有的興趣。為了講樂理、介紹音樂

家的成就，花掉幾十個鐘頭，何不把莫札特的鋼琴協奏曲、貝多芬的弦樂四重奏、布拉姆斯的交響曲的名作，從頭到尾，好好聽幾遍呢？等學生愛上古典音樂，要學樂理、音樂史不就像探囊取物嗎？先讀「XX精華」或簡本的人，嚮往原著的有幾個？壞了胃口的又有幾個？讀《紅樓夢》原文，只懂一成，不是遠勝讀簡寫本、改寫本、漫畫本懂十足嗎？

經典好比十里外一個風光明媚的地方，有人把光陰浪費在抄捷徑或找捷徑上，到頭來可能一無所獲，頂多只得到一份圖文不茂、錯漏百出的旅遊簡介；有人腳踏實地，走一步，近一步，越走看得越清楚。

被教育嚇笨了

說來奇怪，有些讀經典的困難來自教育。

> 沒有受過正規教育的人讀經典反而容易，……原因之一是，沒有受過正規教育的人對叢書裡的作者不太會有偏見，心裡就沒有負擔。他們沒有聽說，最少不常聽說，那些作者又過時、又不切事、又難懂。……他們沒有被教育驚嚇過。（H2）

　　利文斯通爵士又引用艾略特的話：「根據我的
經驗，欣賞詩歌，對詩人和他的作品知道得越少，常
常越好。歷史背景、詩人生平的詳細知識，常常是障
礙。因為喜歡詩歌而鑽研學問，勝過鑽研過學問，就
以為自己喜歡詩歌。」（H8）[9]

焦元溥是個有意思的例子：

一些朋友知道我國一寒假就聽完整部《尼貝龍指環》
（Der Ringdes Nibelungen），大呼不可思議。但對
當時的我而言，正因為沒有人告訴我這部作品很艱
深，我也就自然而然、毫無偏見或懼怕，對著僅有
的參考資料聽完長達十四小時以上的《指環》，而
且樂此不疲。我到現在都覺得，這是認識古典音樂
最好的方法。

〔焦元溥（2013: 59）〕

　　有個搞文史、人在國外的朋友告訴我，他高中的圖書

---

[9] 艾略特（T. S. Eliot, 1888-1965）是出生美國的英國詩人、批評家。著有
《荒原》（*The Waste Land*）、《四個四重奏》（*Four Quartets*），都是經
典。引文出自 Eliot（1950）。

館裡，「躐等」的書極少，有一本是葉嘉瑩的《王國維及其文學批評》。他當年偶然拿起這本書，不知道王國維是何方神聖，沒有人告訴他書很深，也沒有人教他先讀點晚清歷史，就自然而然，看故事一般看了起來。誰知前半部分析王國維的自殺原因，看得他廢寢忘食，欲罷不能，比什麼偵探小說都更引人入勝。這是大學以前，對他影響最大的一本書。他再三請我把這件事寫出來，因為前陣子，他托人把一大批存在舊居裡用不著、書況甚好的書送給母校，像《中國書史》、《論學集林》、《史諱舉例》、《勵耘書屋問學記》、《漢魏六朝詩選》、《唐詩百話》、《唐宋詞簡釋》、《顧隨文集》之類。學校的國文老師後來告訴他，書太深，不適合中學生，送不出去的要扔掉。

我們都聽過兩個和尚的故事，窮和尚能去南海，你也能讀經典。

蝸牛速肢解式教學

讀經典另一個難處，來自學校的教法：

> 本世紀過了四分之一，經典和啟明學就已經被教授的老師毀了。……當時的人認為，經典只能憑原文

來學習，而學生可以修習柏拉圖、盧克萊修的課程多年，而不知道兩人著作裡有任何思想。他的教授大概也對思想不感興趣。教授感興趣的只是章句訓詁。而啟明學就在他們手上淪為毫無意義的操練。（H6）

我們在「經典」周圍包了一股冬烘氣，早把經典任由學究來肢解，以為原本寫給普通人讀的經典是普通人讀不懂的。（H2）

懷德海認為讀原文可以徹底了解經典，但是一般章句訓詁式的蝸牛速教學，只會把境界崇高的詩歌變成一堆垃圾；而讀譯本在教育上是有用處的。那些古典教授很像被人批評「章句小儒，破碎大道」的漢儒。《史記》那麼動人的情節、《莊子》那麼有趣的故事，如果用蝸牛速肢解法，一個字、一個字的講，照樣變成一堆垃圾，《論語》、韓柳文、李杜詩之類就不必說了。學生痛恨文言文，不是情有可原嗎？

附庸風雅又何妨？

與其循序漸進，不如附庸風雅。陳平原（2009: 204-6）

鼓勵大家：

> 因為喜歡——或者假裝「真的很喜歡」，別笑，很
> 多人都是這麼起步的。對於「風雅」，從「附庸」
> 日漸走向知音，從裝點門面，最好走到登堂入室。

最艱難的問題最深入淺出的解說

> 經典之為經典，在於結構嚴謹、文章出色；在審美
> 的層次上，可以立刻領會；然後深入的閱讀、分
> 析，領會得更多；於是在多層次的含意和真理上，
> 得到最深刻、最豐富的意義。（H2）

除非人類已經把所有重大的問題解決，否則不能不讀
經典。因為「在處理人類思想最艱深的問題上，經典是最傑
出的思想，表達得最清晰、最簡明。關於人類的重大問題，
沒有更容易讀的書了。」文史哲的經典固然如此，科學的經
典亦然。

> 下等的科學著作討論些技師才用得著的專門技術，
> 搬弄些術語來賣弄。但是上等的科學著作得力於運

用得優雅、貼切的日常語言。以溝通的媒介來說，
那些書是名副其實的風格高雅之極的作品。（H1）

任何學問要表達得深入淺出都不容易；不妨說，深
入淺出是專業的試金石。不論文科理科，有本事用清通的
語言，把專業介紹得深入淺出，學問才到家。其實蒙田
早就說過類似的話〔Montaigne（1580: *Of the Education of
Children*）〕。然而，

就因為晚清以降，專業化潮流勢不可擋，學者和作家
各自劃地為牢。人多譏笑作家沒學問，很少反省學者
不會寫文章。

〔陳平原（2009: 208）〕

常聽說某某人理工很強，只是文筆不好云云。大半是
假偏才或真偏廢，理工不會強到那裡去，連潛力也不大。
因為歷史上的大科學家，鮮有文理不通的。以有英文著作
收入《西方經典》的為例，達爾文（Charles Darwin, 1809-
1882）、法拉第，文筆都不差；懷德海的《數學導論》（*An
Introduction To Mathematics*），愛丁頓（Sir Arthur Eddington,
1882-1944）的《膨脹的宇宙》（*The Expanding Universe*），

更是引人入勝、境界不凡。叢書外的，像天文學的薩根（Carl Sagan, 1934-96），物理學的葛林（Brian Greene）、萊特曼（Alan Lightman），生物學的托馬斯（Lewis Thomas, 1913-1993）、古爾德（Stephen Jay Gould, 1941-2002）、科因（Jerry Coyne）、道金斯（Richard Dawkins）等等，不勝枚舉。台灣的洪蘭教授，說不上什麼文采，但是明白曉暢、思路清晰、議論正大，把大腦科學變得趣味盎然，也很難得。

語言就是思考的工具，任何學科都需要。大提琴大師卡薩爾斯學藝時，要去議會聽講，記下來，再報告；為的是把話說清楚。

至於台灣，以某台的講堂節目為例：內容充實的大概過半，講得清楚的不多；內容充實、講得又清楚的，少之又少。既然聽和說、讀和寫，是一體兩面；那麼，由口拙可見耳鈍，筆下烏煙瘴氣可見讀書一塌糊塗。

當然，電視台肯辦這種節目，很難得，值得嘉獎，不該苛責他們沒有識鑒、眼光。然而，這好比另類的隨機抽樣，正好反映社會的實況。既然講者都是學有專精的人（包括大學教授），教育的失敗就可見一斑了。

最耐讀的書

> 經典之為經典有許多條件，包括每次重讀都有新的
> 收穫。每次重讀，都看到從前看不到的東西；明白
> 從前忽略的東西；而不管上一回多麼絞盡腦汁，重
> 讀總是如此。（H2）

換言之，經典有無限的內涵。不同年紀讀《論語》、
讀《紅樓夢》，有不同的感受。據說有人問大鋼琴家舒納貝
爾（Artur Schnabel, 1882-1951），為什麼只彈莫札特、貝多
芬、舒伯特、一點布拉姆斯。他說：『只願意彈那些「作品
本身比其任何可能的詮釋還要偉大的創作」。』〔轉引自焦
元溥（2007：下162）〕道理一樣。

觸類旁通

讀過一本經典，不但有助於讀第二本，連讀其他的書
的眼光、能力都更強了。唐君毅鼓勵人多讀深一點的書，
也提過這個好處。好比天天攀山越嶺，一下平地，自然健
步如飛。

這些經典不能解決所有問題，也不是惟一值得讀的書；卻是照亮所有關鍵問題的明燈，……而盡力讀懂這些經典的讀者，就會觸類旁通，讀其他的書，而且讀得更好。（H1）

精讀過經典，不但更善讀其他書，還對研究似乎不相干的學問大有幫助。這一點，林毓生（1981）用博蘭霓（Michael Polanyi, 1891-1976）知識論的「支援意識」（subsidiary awareness）來解釋，其實就是「觸類旁通」在哲學上的說明。文章談到作者在1960年代進芝大「社會思想委員會」（相當於研究院）的情形，介紹了當時經典課程的具體細節，值得一讀。

千里之行，始於足下

利奧泰元帥十分喜歡某種枝葉扶疏的樹，到非洲時就請園丁種。園丁說那種樹要兩百年才茂盛。「這樣子，」元帥說，「就刻不容緩了。今天就種。」（H10）

　　赫欽斯任芝大校長時，有一回向學校理事會提出一個人文學院的計劃。該院的院長警告他說：「一點機會都沒有，準要栽跟頭出醜的。」赫欽斯問說：「你覺得想法對嗎？」他答說：「對。有朝一日會成功，現在不行。」赫欽斯說：「對就幹吧，要出醜就出醜好了！」果然，理事會否決了該計劃；但是五年後終於通過了〔Ashmore（1989: 109）〕。如果當初不提出來，也許永遠等不到那「有朝一日」。

　　這樣子，就刻不容緩了。今天就讀經典。

通識到底通不通？

赫欽斯自述學生時代的無知：

> 所受的正規教育裡，除了一直零星地讀點莎士比亞
> 外，包括哥德的《浮士德》、一點點柏拉圖的《對
> 話錄》。我不記得在學院時是否聽過阿奎那、柏羅
> 丁的名字，連是否聽過馬克思也不確定。（H2）[10]

我念大學時，也沒聽過阿奎那、柏羅丁。荷馬（Homer）、
但丁（Dante Alighieri, 1265–1321），聽是聽過，卻分不出
誰是誰。還有許多鼎鼎大名的人物，像蒲魯塔克（Plutarch,
c.46-c.120）、吉本（Edward Gibbon, 1737-94）、法拉第、
托克維爾（Alexis de Tocqueville, 1805-59）、凱恩斯（John
Maynard Keynes, 1883-1946），都是走出校門才知道的。雖

---

[10] 阿奎那（Thomas Aquinas, 1225-1274）是中世紀神學大家。柏羅丁
（Plotinus, 205-270B.C.）是哲學家。馬克思（1818-1883），德國政治哲學
家、經濟學家，著有《資本論》（*Das Kapital*）。

說不是西方人，可也夠可憐的了。換成東方版：一般人在學校也零星地讀過點《論語》、《孟子》，也許還有《莊子》、《韓非子》裡的小故事，朱熹大概聽過？程頤、程顥呢？《六祖壇經》就難說，沈括、徐霞客、宋應星、章學誠之類就很渺茫了。

　　經濟學家朱敬一批評大學教育越學越窄，「就拿財金系來說吧，難道學生們真的只需要國、英、數三科的能力就夠了嗎？」以金融風暴為例，

> 結構債試圖以層次性的風險包裝，去擴大社會參與，以分散風險。但是設計這些商品的數理專家不瞭解結構債的『物權』內涵，這是不懂法律；不察覺社會整體風險之難以分攤，這是不懂經濟；忽視無工作與所得者的脆弱邊緣地位，這是不懂社會；對於準公營的美國房貸公司擴張危機視而不見，這是不懂政治。這一群自以為機率論武功蓋世的科學怪人，正因為完全不能體認社會運作的隱然規律，所以才釀成大禍。〔朱敬一（2009）〕

　　他還擔心「醫學系學生將來會不會是好醫生，其課堂倫理只是因素之一，其知識與關懷的廣度才更是重點。」

通在科學精神

目前流行的對策是所謂通識教育，真正需要的卻是啟明教育。啟明教育不是通識教育，尤其不是台灣的。兩種教育的「通」，大異其趣。

啟明教育的以通馭專，大可以新亞書院的學規來說明：

> 九、於博通的智識上，再就自己材性所近作專業之進修；你須先求為一通人，再求成為一專家。……十二、理想的通材，必有他自己的專長；只想學得一專長的，必不能具備有通識的希望。〔錢穆（1953）〕

赫欽斯不講通識教育，但是他要求所有學生都要讀科學經典的例子，很足以反映他心目中的「通」。

> 我堅持科學的偉大著作也是經典對話的一部分，誰沒有讀過就不算受過教育；有些讀者也許覺得是苛求。另一些讀者……也許覺得……自然科學卻日新月異，一下子就過時了。哥白尼、法拉第知道的，現代的科學家都知道，還知道很多別的；我們何必要讀哥

白尼、法拉第呢？

　　有趣的是，這套經典編選出來後幾年，當時任哈佛大學校長、也是傑出化學家的科南特提議，善用這套書來改革給門外漢的科學教育。……目的是仔細研究少數科學發展的歷史案例，從而更深入了解科學。……

　　我認為有了更先進的觀察設備、更精確的測量儀器，甚至糾正了從前的假設，也不能廢掉從前那些偉大科學家的想法。（H1）[11]

換言之，讀科學經典是為了培養科學精神，而不是多背多少公式、數據，添了多少「知識」；甚至資料是舊的、理論是錯的，讀了仍然有幫助。洪蘭（2007: 98）：

　　多少次課堂上，當我說某個理論已被另一個新的取代時，學生會停下筆來，憤怒的把前面的筆記劃

---

[11] 許多人批評赫欽斯輕視科學，這沒有道理。依赫欽斯的標準，大學生要讀一大堆科學原典。得過諾貝爾獎（生理學或醫學）的哈金斯（Charles B. Huggins, 1901-97）從1927年起任教芝大。1951年，赫欽斯卸任；哈金斯認為「這位偉大的人文學者當校長，讓各學部的發展空前興盛」，並讚揚他對醫學院的貢獻〔Huggins（1951）〕。著名的天文學家薩根自述學習過程，特別慶幸能到芝大讀書〔Sagan（1995: Preface）〕。赫欽斯像個輕視科學、反對科學的校長嗎？

掉，大惑不解的望著我，懷疑為什麼要教一段已經被證實為不對的理論。他們完全不了解在科學上沒有絕對的對錯，一個理論被推翻了並不代表它從此就銷聲匿跡，假如有新的儀器、新的方法出現，它還是有可能借屍還魂，以另一個姿態出現。最主要的是我想教他們科學家思考的方式，他如何根據他的想法設計關鍵性實驗以驗證他的想法，因為這才是科學的精神——假說的驗證。

例如：懷德海就說，按照現代相對運動的新觀念，地心說也可以成立〔Whitehead（1925: Ch.12）〕。

一般人總以為科學的書越新越好，甚至對其他學科的知識也盲目地求新求多。台灣電子書協會秘書長說：

> 上個月陪小朋友去士林國立臺灣科學教育館參觀圖書室都是數年前的舊書，一個專門供小朋友研究天文及科學的單位都是舊的科普書，可以跟得上時代或對小朋友有教育功能嗎？〔黃榮華（2016）〕

科普書有沒有教育功能，跟新舊無關。托馬斯的《一個細胞的眾生》（*The Lives of a Cell: Notes of a Biology*

Watcher）、道金斯的《自私的基因》（*The Selfish Gene*）都是1970年代的書，一點都沒有過時。法拉第的《蠟燭的化學史》（*The Chemical History of a Candle*）是19世紀的書，今時今日，仍然是出類拔萃的科普傑作。

資訊不等於知識

總之，赫欽斯的「通」是教育的關鍵，而不是可有可無的點綴；是要鍛煉思考的方法和能力，而不是資料的累積：

> 我們說要觀察事實、觀察一切，不等於說，一味搜集事實就可以解決任何問題。解決問題需要思考。就連要搜集什麼事實，也需要思考。（H7）

例如：實驗生理學的先驅哈維（William Harvey, 1578-1657）在《心臟運動論》（*De Motu Cordis*）裡第一次正確解釋人體血液循環系統。他先以心臟大小、搏動次數來計算人體每天的血流量，遠超過人體重量，於是推論血液是循環的，然後才以大量解剖、實驗來證實。

我們的科學教育，既不能傳授科學的方法，也不能闡發科學的意義。以成績論，我的生物學念得不錯，卻大半是

死知識。畢業後多年，讀了托馬斯的《一個細胞的眾生》，才反省起人與其他生物的關係，第一次領略到一點生物學的人文意義。在學校，數學淪為毫無意義的操練，直到讀了懷德海的《數學導論》，才發現數學的崇高境界。

　　赫欽斯的見解，可謂高瞻遠矚，一針見血地指出了資訊時代的盲點。他當年所針砭的亂象，正是台灣的實況：

> 公民淪落為公私宣傳的對象，是民主的一大危機。……終其一生，一天二十四小時，被洗腦式的口號、歪曲事實的新聞、鋪天蓋地的宣傳轟炸；由此可見，要麼民主必然淪為宣傳得最持久、聲音最大的人的犧牲品，要麼民眾必須鍛鍊自己的腦筋來衡量那些問題。（H1）[12]

　　曾任職廣告公司的塞耶斯指出，現代人受廣告、媒體矇騙，影響之深廣，不但空前，而且難以想像；不是因為媒體在技術上比從前先進，而是因為現代人受的教育退步，辨

---

[12] 想法很像湯因比〔Toynbee（1933-39: 292-3）〕。台灣的反同派不但聲勢浩大，而且死纏爛打，百折不撓。大法官雖已釋憲，那些「屬靈」的人果然陰魂不散，發起公投，政府又無能地通過。密爾認為人不能自由地選擇做奴隸；現在反同派藉口愛來挑撥仇恨，以民主的技術來反民主，跟自選為奴一樣荒謬。「信奴」善於歪曲事實，善於給人洗腦，而且「宣傳最持久、聲音最大」，我真怕民眾沒有鍛鍊好腦筋來應付。

別能力比前人差〔Sayers（1947）〕。

以台灣這個電腦大國為例，一方面誇口PISA的排名、拿過多少發明獎，另一方面，科技大老相信前世今生，大學教授為靈媒「認證」[13]，大學生滿口星座、血型，無數人（包括許多專業人士）相信誇大無稽的減肥、美容、藥品、食品廣告，卻疑心基改作物有潛在風險，既理盲地恐慌，又像信徒護教一般，理盲地反對；在在可見我們的專業是假象，我們沒有科學素養。

其次，民眾（包括大學生）對政治往往既熱心又幼稚，有時候越熱心的越幼稚，任由聳動的新聞、偏頗的政論煽惑，任人「運動」；大大小小的政客（也包括大學生），沒有梭羅（Henry David Thoreau, 1817-62）的修養，卻大談

---

[13] 前陣子「通靈少女」很紅，友人轉寄了一則娛樂版的新聞給我。某大學教授表示：「台灣自認會通靈的人有9成以上是自我幻想或裝神弄鬼」，但是通靈少女的本尊不一樣，「一般人講話時是 β（beta）波，頻率比較快；睡覺做夢時是 α（alpha）波，頻率是8到12赫茲，較慢，類似入定或氣功狀態。但劉柏君不論有沒有發功都是 α 波」，「是極少數真的通靈者」。果真如此，應該寫一篇論文給Science或Nature之類期刊，揚名立萬，為台灣爭光才是。一天到晚都是 α（alpha）波，最順理成章的結論不是真通靈，而是一天到晚都在做夢。教授先否定9成靈媒，不過虛晃一招，表示自己不同流俗，並非迷信，其實反襯自己和通靈少女，勸百諷一地強調世上真有所謂靈媒，而且他才夠道行來識別真假。這種專家說法，跟「磁場」對了（或不對了）就看到阿飄云云是一樣的，表面上是以科學來解釋超自然現象，其實是以科學術語來包裝迷信，非常要不得。講白了，大家沒有科學精神，社會上才有那麼多胡說八道的所謂教授、那麼多怪力亂神的事。國外也差不多，有興趣可以看謝默（Michael Shermer）等的書。

公民不服從，大幹公民不服從。為什麼不為圖書館亂買書而抗稅呢？採購有沒有黑箱，為什麼不弄個什麼花來照亮一下？[14]政府無能，政客無恥，民眾無知。網路上還有一段陳嘉君女士跟一婦人的對話影片，十分精彩。到底有多少基督徒人云亦云，跟著以「護家」「信望」等假招牌來藏頭露尾的教會去「捍衛家庭，保護兒少」，傻傻地跟著遊行反同呢？那婦人代表了許多因糊塗而做蠢事、做壞事的人。公民覺醒、與神同行，都不過是運動的幻覺。

此外，民主國家的人總以為活在自由的社會裡，資訊一定是公開的、多元的、「可靠」的。誰知西方的主流媒體，不但自廢武功，放棄監督政府的天職，還長年配合官方宣傳的需要，為霸權背書，甚至封鎖良心記者的報道〔近來的例子，參 Cook（2017）〕，以操控輿論。到頭來，所謂自由社會的民眾對資訊的警覺、介心，反而常常不如極權社會的人，遑論了解真相了。薩根就舉例，薩達姆‧侯賽因（Saddam Hussein, 1937-2006）在美國人的心目中，從沒沒無聞的準盟友，變成街知巷聞的大魔頭，也不過一兩年的事〔Sagan（1995: 415）〕；操控民意之快速容易，可見一斑。

總之，我們有技術，沒有科學；有資訊，沒有知識；有

---

[14] 近日香港的「反送中」大遊行是另一回事，台灣的媒體卻亂比一通。

死知識，沒有思考能力。我們民主得百病叢生。蒙田談兒童教育，強調判斷力的培養，而不是知識的灌輸〔Montaigne（1580: *Of the Education of Children*）〕，太有道理了。

不通的通識教育

　　台灣的沉疴，不是一身病的通識教育救得了的。台大某教授在通識課的第一堂「安撫」學生：

> 因為是通識課，我們也不會弄得很serious，希望大家都享受到通識教育的樂趣，通識教育就是liberal education，就是希望各位可以很自由地去思考一些有用的、沒有用的東西⋯⋯

　　我想這是很多人的心聲，也難怪台灣的通識教育注定失敗。

　　依赫欽斯的想法，啟明教育就算不等如大學教育，至少是正餐主菜。啟明教育很serious，決不是學一些「有用的、沒有用的東西」。台灣的通識教育，不過鑒於大學教育營養不良，亂補幾顆不一定對症的維他命而已。大家把腦筋當成知識拼圖，缺了塊，就拿通識教育補一補，卻不管原圖

模糊不清，拼完整了還是模糊不清。以實況來說，往往為博而博、專業外略加「點綴」，甚至變成「營養學分」、休閒娛樂；讀外文的上一門「昆蟲與社會」，學電機的上一門「文學與人生」，大學生也好，技職生也好，態度輕慢，到頭來雜而不通〔參江宜樺（2005）、黃俊傑（2015b: ch. 12）〕。這正好應了錢穆的話：「只想學得一專長的，必不能具備有通識的希望。」

通在質不在量

博聞強記固然好，但是學無止境，事無巨細無所不知，既不切實際，也不可能。真正的「通」不在知識多，而在有識見，能思考專業以外的重大問題；換言之，「通」不在量，而在質。黃俊傑（2005）：

> 「人文精神」並不等同於「人文知識」，「人文知識」基本上是記憶性的，「人文精神」則是批判性的、思考性的一種思考態度或方法；「人文精神」並不等同於「人文知識」，「科學精神」也不等同於「科學知識」。

　　道理是一樣的。

　　所謂學養，就是由學而得的修養；知識的通達不只是實用的工具，更是為了人格的成熟、境界的提升。所以扮納粹不只是對歷史的無知，等而下之，經濟學家傲不可耐，化學天才永不知錯，急救醫生恬不知恥，林林總總。社會要和諧、進步，靠的不是院士、諾貝爾獎、台灣最大尾，而是成熟的公民。

通訊容易、對話難

現代人不善用經典來鍛鍊腦筋，很容易任由外物宰割；見識被資訊淹沒，自我被工具剝奪。

我們把生命消磨在枝節上

通訊科技的進步等如文明的進步，只是現代人的錯覺。赫欽斯沒有見識過網路、手機，卻有先見之明：

> 未來的任務在於凝聚一個大我，這個說法沒有多少爭辯餘地。大我似乎依靠溝通。而這個條件，不是交通、郵件、電報、電話、廣播進步就能滿足的。在我們今天這樣的世界，這些技術的進步叫人害怕而不是叫人安心，叫人搗亂而不是叫人團結。進步的技術是工具，把敵人的炸彈運過來，把政治宣傳送到家裡來。（H6）

　　大家都說網路普及了知識，可普及的到底是什麼「知識」？有了網路以後，千奇百怪的偏方、匪夷所思的迷信、子虛烏有的新聞、荒唐無稽的胡說八道，傳播得空前的快、空前的廣；影響之大，遠過於正知正見。根據麻省理工的研究，Twitter上的假新聞傳播得比真相快6倍〔Vosoughi, Roy, Aral（2018）〕。就算劣知識不一定驅逐正知識，卻往往花了十倍、百倍的力氣，尚不足以澄清視聽。

　　每逢朋友聽說我不用手機，都很驚訝：「嘎，有急事怎麼辦？」我不會回答。但是，大家用手機，真的是怕有急事嗎？當然，手機很有用處。山難求救，時有所聞。結婚啦、開刀啦，可以隨時通知遠方的親友。可是，我們真的需要24小時不斷更新各地親友的消息嗎？到底是需要被科技滿足了，還是被科技趕鴨子上架呢？正如梭羅所說，「不是我們乘坐火車，而是火車騎在我們頭上。」〔Thoreau（1854: 83）〕

　　在人類幾十萬年演化出來的相處模式裡，親情、友誼的時空單位又慢又小。手機不但突破了時空的藩籬，改變了溝通的方式，連帶動搖了人際關係的本質。何況大部分人每天傳來傳去的，不外聳動的新聞、芝麻綠豆的小事、衣飾美食的照片。大家卻必須花半天來處理這些號稱省時方便的玩意；就算不用逐則回應，也要一一看過，惟恐遺漏

（FOMO!），得不到親情、友誼，趕不上時代。到頭來，「我們把生命消磨在枝節上。」〔Thoreau（1854: 82）〕

工具並非中性

　　一般人多認為手機是工具，善用不善用在人；好比美國槍會的典型說帖，殺人的是人，不是槍。然而，研發武器的人，心裡真有所謂維護和平嗎？特勒（Edward Teller, 1908-2003）之流就不必說了。物理學家萊特曼鑒於使用智慧型手機有許多流弊，決意不用。有一回在夜霧中的海上迷航後，才改變主意。不過，他信誓旦旦地自許，只用來打電話、導航；決不會像其他人怎樣怎樣的。誰知到頭來也怎樣怎樣起來，不知不覺地泥足深陷〔Lightman（2018）〕。多少人也曾經信誓旦旦呢？這是許多在科技文明中掙扎的人的典型下場，能像《莊子・天地》裡那個不用桔槔的老農的，少之又少；能像萊特曼那樣日後跳出火坑來的，就跟戒毒一樣難能可貴了。

　　現實世界裡，工具的功能越強，人越容易受「預設用途」（affordance）左右。所以每年水果刀殺、高爾夫球桿殺、電鋸殺的受害人都遠遠沒有槍殺多。手機的「智慧」設計就是「秒收秒回」，隨時隨地，滑個不休；沒有所謂善用

的人，三天收一次信，兩日回一則簡訊。除非乾脆不用，否
則手機刺激，你回應；手機做主。手機功能的設計，就是要
控制人，叫人手不釋機，不能自已；你「無所逃於天地之
間」。說得難聽一點，一旦決定使用手機，就等於簽下賣身
契，把大半的生活主導權讓給機器了。薩根認為現代科學既
有空前的力量，科學家相應地就必須具備空前的道德關懷
〔Sagan（1995: 419）〕，再有道理不過了。可惜現代的社
會環境、政經結構、經濟模式，在在都不利自律。[15]總之，
工具並非中性。

　　現代人甘願「以己為物役」（《荀子‧正名》），因
為心靈空虛、人際關係疏離，只會盲目追求效率，只有能力
享受一些無聊的玩意，根本駕馭不了高科技產品。強大的功
能，只不過讓使用者滑出現代人難得的操之在我的心理滿足
感；通信越便捷，越急於趕時間，越著緊虛幻的群體認同；
到頭來，無聊得更方便，空虛得更先進而已。

---

[15] 蘋果執行長庫克（Tim Cook）年初在哈洛學院（Harlow College）對
　　學生說，不贊成濫用科技產品云云（https://www.theguardian.com
　　/technology/2018/jan/19/tim-cook-i-dont-want-my-nephew-on-a-
　　social-network），是典型官腔。沒有製造烟草的不反對過量吸烟，沒有
　　製造槍枝的不反對濫用槍枝。自律全是使用的人的責任嗎？

我不是反科技，而只是鼓勵面對面交談

　　最近《天下》（2018／8／1）以「失控的愛」為主題，探討為情自殺、情殺等等。某專家指出，現代人習慣用通訊軟體，要求即時回應，沒有時間思考、沉澱，也是「失控」的原因。這是有道理的。不過，就算不必秒回，我也疑惑那些人能思考、沉澱出些什麼來。真正的問題不在匆忙，而在即使有暇，許多人（尤其年輕人）還是寧願用通訊軟體，都不想跟人面對面交談。他們不懂得怎樣交談，怎樣應付沉默，也看不懂別人的微表情，他們不知所措，他們害怕。

　　「科技節食」（technology diet）沒有錯，但是三天打魚、兩天晒網是不濟事的。麻省理工的特克專門研究科技與社會、心理的關係，許多新玩意還沒上市，廠商就給她試用過，請她提意見。Turkle（2015）剖析線上生活的弊病，尤其對兒童、青少年心理、自我的戕害，給現代人（尤其家長）一記當頭棒喝，發人深省。成長期還沒有手機的大人，傷得較輕。因為手機的通訊模式破壞了心智發展和人際關係的機制，重傷的是孩子；有些兒童因而對同儕一點同情心

也沒有，而且並不自覺。[16]有些大企業規定新鮮人要接受訓練──跟人面對面交談的訓練，因為他們在客人面前，連簡單應對都不會。難怪作者一再重申：「我不是反科技，而只是鼓勵面對面交談。」

人之所以異於機器者幾希

　　大家太小看對話了。

　　近年來，人工智慧成了熱門話題。去年初，Libratus打敗頂尖的職業撲克玩家，連《人間福報》這種正派媒體都「聳動」起來：「AI贏德州撲克　人腦最後防線失守」（2017／2／3）。幾個月後，AlphaGo橫掃圍棋高手，媒體無不為人工智慧大做文章。當然，AlphaGo是個里程碑，但是路還遠得很。我們可以說，登陸月球的一小步是人類的一大步，卻不能說破解了宇宙之謎了。

　　電腦先驅圖靈（Alan Mathison Turing, 1912-1954）曾提出辦法，測試機器會不會思考。簡單說，電腦可以跟人聊天

16　眼神是了解別人、感同身受、與人相處的關鍵，是演化出來的機制，要從小面對面相處，才看得懂。1950年代，吳魯芹經吳太太和六歲的「未來主人翁」敦促，家裡置了電話，但不愛用。女兒問爸爸為什麼不肯打電話，他答說：「電話裡通話，就同和戴黑眼鏡的人交談一樣，看不見對方的眼睛，叫人納悶。」〔吳魯芹（2007: 置電話記）〕這是暗合科學的妙喻。

五分鐘，而人不知道對方是機器嗎？這就是有名的圖靈測試
（Turing Test）。圖靈並預測，到了2000年，電腦可以騙過
三成的人類評判；但沒有應驗。2014年，一台冒充13歲烏克
蘭少年的俄羅斯電腦聲稱成功（騙過33%的評判），我們姑
且撇開爭議，算「他」成功；聊天之難，也可見一斑了。

　　聊天代表了「人之所以異於機器者幾希」。柏拉圖的
《理想國》裡，對話一開始，就由Cephalus開宗明義，指出
「肉體的快樂越減，交談越感快樂。」（Book 1）。懷德海
也說過，對話是人類最古老的娛樂和教育。《論語》不是中
國最早的書，卻可能是最早的真正的著作。[17]可悲的是，現
代人越說越不像話，對話本身成了時代的難言之隱。任何人
的身邊，一定有答非所問，詞不達意的人。克里斯琴曾參加
圖靈測試，把經過、感想寫成了書〔Christian（2011）〕；
感慨現代人的對話往往無味，不像人，倒過來反省人的生
活、人的特質。他賽後得了個「最像人的人」獎。他不是人
嗎？這個獎好像在挖苦人類。

　　我們對人工智慧的憧憬，往往反映我們不了解自己。
萊特曼擔心：如果沒有手機，連獨處十分鐘都受不了，我們
失去的就不止大腦的休息時間、創造力、自由，而還有內在

---

[17] 好像是在陳寅恪的文章裡讀到的，但找半天找不到出處。

的自我〔Lightman（2018）〕。我們連自己都無法面對了！
特克有兩篇不算長的文章〔Turkle（2007）、（2009）〕，
十分耐人尋味：什麼叫生命？什麼叫愛？人跟機器有什麼不
同？AI的「進步」到底反映科技聰明、還是人類脆弱？

　　你像人嗎？

附錄一　你愛逛什麼書店？

　　書是商品，卻不只是商品。好書很有價值，卻不一定是好商品。經典可以長銷，卻難得暢銷。桑默斯談哲學、白先勇提倡崑曲，大受歡迎，是另類潮流，不是經典復興。

　　據說近年的出版數字都不好看，出版書種、營業額都減少。這到底是好事還是壞事，很難說。因為分類很籠統，只看大類數字的起伏，不知道實際少出、少賣的是什麼書。另一方面，有人把寫字書大賣，熱得久，也當作出版界的喜事，令人啼笑皆非。

大書店

　　我喜歡的書店有兩種：一、書種多。二、書有特色。

　　某連鎖書店龍頭，以大書店的來說，書種少得可憐，外文書更是七零八落。多年前，還有朋友跟我抱怨。原來他要買阿德勒《怎樣讀一本書》的英文原版，滿以為這種熱門名著一定有，結果買不到。大概問的人多了，後來就有了。

但是大體而言，因為講坪效，大都不外銷售快的時尚流行讀物；除了圖文並茂、圖比文茂的書頗多，也沒有什麼特色。真要說特色，就是裝潢講究，貧乏得優雅，善打形象，尤其善把「品牌」包裝成「品味」吧。不知道為什麼，這樣的書店會被人當成台灣之光。

　　我住在山上，難得出門去逛書店，大概只會去重慶南路那家老牌大書局。那邊中文書種之齊備，是「台灣之光」遠遠不及的。這不是單純的店面大小的不同，而是經營宗旨的差別。服務也算周到，尤其許多難買的大陸書，都可以訂，也大多訂得到。總之，市道蕭條，有本事經營偌大的一家書局，像小津安二郎賣豆腐一樣，老老實實地賣書，不值得稱讚嗎？不把本業變百貨、不把書店當便利店，就不如人？裝潢土就不是台灣之光？

小書店

　　小書店，大都是獨立書店，有幾家非主流的專題書店很值得光顧；其他的，店有特色的多，書有特色的少，也就提不起勁特地去逛了。

　　小書店一律孤芳自賞，慘淡經營。有些老闆是可敬的有心人，但是書店有書店的標準。還有不少例子，書不是重

點，店成了餐廳、咖啡座、農作產銷平台、另類廟口等等。
這不是書店功能的擴大，而是萎縮。

　　下面是某兩家的自述：

　　　　希望藉由書本、咖啡與生活美學的結合，營造出
　　一種有的幸福與溫馨感。

　　　　書店裡有家庭手作的食物和甜點、慢慢選的好
　　書、很舒服的座位和靜謐自在的空間；在這裡可以坐
　　下來好好閱讀，閒散的走路……看看大樹。

　　我也愛邊看書邊喝咖啡或者看看大樹，但是咖啡和大
樹無法吸引我去逛書店。坐在家裡一樣「溫馨」「舒服」。
我想許多人看了這些話，都覺得似曾相識，其實上文提及
的那家連鎖書店，在高雄也有一家「將咖啡與文本深度融
合」、「一種質感，將生活樣貌調和」的分店。類似的濫調
也許只是看準了現代人生活緊張，而以閒適的生活情調來吸
引人。所以賣的書也常以所謂「生活美學」[18]為主，連「新
加坡最美風景」也跟台灣一樣。然而，我也擔心這些是他們

---

[18]　現代用語裡的「有機」「美學」，可說是對學術、甚至語言本身的污辱。

的真心話；換言之，這就是他們心目中的理想書店──理想在跟書無關的小確幸、好情調。

為好書找讀者，把好書變成暢銷書

　　為好書找讀者，把好書變成暢銷書，是善事，也是生意，做得到才是雙贏的理想書店。

　　書店該下點工夫，找出每門學問的好書、優秀入門書，介紹給讀者。以中文書來說，各家似乎都不太講究，不同的書店只差在書種多寡，看不出有哪家善於別擇。英文書，倒是新加坡來台開的那家大書店當初做得不錯。例如：有奧斯登的標準本、牛津查普曼（R. W. Chapman, 1881-1960）編的六卷精裝本；荷馬有Lattimore, Fagle等名譯；但丁神曲有Sinclair, Sayers等名譯；化學有法拉第那本講蠟燭的名著等等。還有個值得一提的例子：拉斯馬森（Steen Eiler Rasmussen, 1898-1990）的《體驗建築》（*Experiencing Architecture*）可能是市面上惟一把建築當建築來教你了解、欣賞的書，雖然只有幾張黑白插圖，但是觀念正確清晰，感覺細膩，娓娓道來，遠勝一堆圖文並茂、強調「顛覆想像」、「震撼心靈」的同類中英文書籍，是不可多得的佳作、絕好的建築入門書。我雖然早已從網路買了二手精裝

本，在101那邊看到平裝本時，還是十分驚喜。可惜店方為德不卒，退步神速，雖然越做越「潮」，最後還是關門大吉。

其次，書店賣的書，往往書種太少，而同書的不同版本卻太多。例如：《動物農莊》、《傲慢與偏見》、《愛麗思漫遊奇境記》、《人類的故事》、《演化論》、《沉思錄》之類名著的譯本，實在太多，不少粗製濫造，就算大書店也不必一一進貨，何況空間寶貴的小書店呢？如果賣的劣本多、善本少，書店的水準就可見一斑了。另一個試金石是工具書，因為一般人好像以為叫字典的都差不多。

當然，讀者不見得識貨；與其叫好不叫座，不如迎合大眾口味，皆大歡喜？這就回到列德曼的問題了：「你對生命的要求是什麼？」

店如其人

書店的書不能亂放，但是按內容分類有許多方法，跟比喻一樣。事物越相近，比喻起來越自然，也越平淡無味；事物越懸殊，比喻起來越突兀，也就越意外、越新鮮有趣。其實萬事萬物總有息息相關的地方，等著有發現的眼光、有想像力的人來發掘。例如有人把閃電比喻為天笑，錢鍾書就大為讚賞。

　　言歸正傳，假如你想買一本杜甫的詩集，就會到「國學」或「詩詞」類去找，結果有《杜詩鏡銓》、《杜詩詳注》、《杜甫詩選注》等等，比較看看挑哪一本。假如你沒有明確的標的，無可無不可，一般分類的用處就不大。

　　所謂逛書店，大都是後一種情形。服務這些為逛而逛的讀者，分類時就不必死抱著賴永祥。例如：《倫理學大哉問》、《刑法與審判》、《大腦比你先知道》三本普及讀物，通常分別歸入哲學、法律、自然科學三類，好像風馬牛不相及。其實三本書都涉及自由意志，關係密切。如此類推，《秧歌》、《皇權與紳權》、《解放的悲劇：中國革命史1945-1957》也可以放在一起，讓他們「對話」。你看過《秧歌》的話，也許好奇：跟旁邊的書有什麼關係？不管讀者看得出看不出底蘊，都比傳統的要「刺激」些，即使不能啟發思考，多少也有發現的樂趣。

　　這種模式，小書店尤其適合。老闆按喜好定出十個、八個主題，不用告訴人是什麼，各選十幾二十本書，最好有深有淺，加起來才一、兩百本書，已經夠讀者猜謎猜個老半天了。過一陣子，再添新書或新主題，就可以吸引讀者不時來逛逛了。當然，讀者不一定買帳，也許抱怨店裡的書亂七八糟，要找什麼都找不到。然而，小書店本來就不能也不必討好所有讀者，本來就該分眾。

　　要這樣經營，前題是老闆自己愛讀書，而且讀得多、讀得好。一句話，店如其人。你的喜好就是店的特色，你賣的是個人的品味、肚裡的書袋；你可以教育讀者。

附錄二　怎樣買英文書？

　　台灣很受國際影響，但很不國際化。從前有讀者抱怨，說我文章提到的書，大都買不到。坊間的英文書，包括國內網站的，不論新舊，又少又貴。

　　我也用Kindle，卻依舊愛看紙本的。我的英文書九成多是跟國外的網站買的。早期光顧AbeBooks, BN, Powell's, Strand等。像人人文庫（Everyman's Library）那些布面精裝本，台灣動輒六七百塊，厚一些就從八九百起跳。有一陣子，Strand有一大批全新的，特價不到美金八塊，包括一些標準本。一次買幾本，連郵費算，一本不過台幣三百多；陸陸續續就買了不少。後來多家書店的運費加了，就不划算了。

　　現在常光顧的只有兩家：在Book Depository買平裝新書，在AbeBooks買精裝二手書。國外的精裝本大都很講究，尤其大出版社，用紙、裝訂都比平裝本好很多。雖然定價也高很多，變成二手書，就算書況全新（部分會用麥克筆在書腳下切口畫一下），也會「跳水」式降價。所以，只要

有精裝本，就盡量買精裝本。

　　許多經典名著都有版本問題，一般人想知道，最簡便的方法是上網查 *The Columbia Encyclopedia*（6th edition）。

Book Depository免運費

　　你沒有看錯，Book Depository免運費，真是太好了。賣的都是新書，書種算多，打折的也多，有些還折蠻多的。隨便打Oxford World's Classics, Penguin Classics，就有一大堆實惠的好書。網站可以設定幣別，以後自動以台幣顯示、計價。

　　例如：達爾文的《演化論》，一般認為第二版最好，後面幾個版本為了應付批評，加了些不該加的內容。牛津的世界經典系列就用的第二版：

On the Origin of Species（Oxford World's Classics）／
Edited by Gillian Beer
　　　　ISBN: 9780199219223

　　台灣賣台幣四百多，Book Depository按美金定價打7折，才台幣兩百多，還免費寄到你台灣的府上。惟一缺點就

是要等兩三個禮拜。類似的「好康」很多，例如我非常喜歡
的芝加哥大學教授科因（Jerry A. Coyne）的兩本書：

Why Evolution is True (Oxford Landmark Science)（ISBN:
9780199230853）

　　　　71% off

　　　　NT$ 293

Faith Versus Fact（ISBN: 9780143108269）

　　　　Penguin Putnam Inc.

　　　　16% off

　　　　NT$ 462

　　演化論那本等於29折！而且是叫好叫座的書。《信仰
不是事實》分析科學與宗教為何無法調和，是同類書中的第
一傑作。折扣不多，一樣值得買。當然，我更建議你買二手
精裝本。

AbeBooks

　　「二手」表示易主，「新舊」表示書況，二手書可以

是全新的書。

　　台灣的舊書店偶爾有寶可撿，但店主進書其實都是論斤稱兩，良莠不分。小店、名店、自稱台灣最用心的店，都差不多。網站賣的舊書，書況由賣家說明，也由賣家定義。甲的「八成新」也許只是乙的「七成新」、丙的「五成新」（五成新算哪門子的「新」？）。最討厭的是味道不好。我買過一本狀況很好的書，按國外的標準，起碼是VG＋，可是霉味很重。用小蘇打粉「醃」過，再曬半天太陽，依舊除不掉。

　　國外的二手書市比台灣成熟得多，難得的是少有臭味。我有不少書購自英國，一樣是潮濕的地方，人家的書為什麼不發霉呢？

　　不過，最值得稱讚的是書況的標示。他們有一套共同的標準，雖然還是由店家「各自表述」，但久而久之，大家都有數，誤差不大。每一本書，不一定有具體細節的描述，但是一定有概括的書況（Condition），最好當然是Condition：New，然後依次是as N（as New），Fine, as F（as Fine），VG（Very Good），G（Good），Fair等等。

　　當然，同樣是Good，五十年前出版的跟去年出版的有些不同，是可以想見的。如果要送禮，買新的穩當些。簡單說，據我交易近兩百次的經驗，精裝本，凡是VG或以上

的，都可以放心買。我買過許多1990年代的二手精裝書，剛收到時，放在台灣某高檔書店，大半可以蒙混過去；還有幾本Franklin Library沉甸甸的皮面精裝書，1980年代出版，到現在依然金碧輝煌。

書價因店因書而異，一本大出版社出版、叫好叫座、書況良好的精裝本，賣美金兩三塊是常有的事，不用懷疑。

不過要注意運費。AbeBooks其實類似台灣的商店街，實際賣書給你的是不同的書店。運費因書店而異，有些貴得嚇人，有些很便宜。檢索出來，如果書況、書價都滿意，就點一下每本書右邊那個Destination, rates & speeds標籤看運費。一般來說，書價加運費，總價台幣350到400，算是合宜的標準。

如果找不到合意的書，可以設定Wants。網站每天進的書很多，合條件的資料會寄給你。按我的經驗，除非書太冷門，只要不急著買，總等得到書況好又便宜的精裝本。例如：發現露西的約翰森寫的那本介紹人類演化的書（Johanson, D. C. and Edgar, B.（2006））就是這樣買回來的，連運費算也不過台幣三百多。除了書衣邊上有幾處小破損，跟新書沒兩樣。不但內容全面精到，攤開來像小桌子的書，那些實物原大的圖片更叫人屏息凝氣。

當然，我沒有拿上述書局、網站一毛錢。

後記　三個「半」的經典因緣

　　翻譯經典是半個意外。學生時代，文科、理科都念過，結果不文不理，不成器。雖然什麼都不是，卻也什麼書都看一點。當初看思果的《翻譯研究》，很感興趣，也手癢譯過點東西，但是立志翻譯經典是後來的事。興趣像種子，剛好落在好土裡，就發芽滋長。

　　這本書也是半個意外。許多年前讀了赫欽斯的書，大為心折。去年終於把書翻譯出來，加了不少長注；卻礙於版權，難以出版。心有不甘，才想到變通一下：引用部分原文，把長注改成文章；既介紹人家的理論，自己也借題發揮一下。換言之，由代理到自產，譯作變成著作。叫敗部復活也好，叫乞丐趕廟公也好，都委屈了赫欽斯，有點不好意思。希望有讀者看了拙文，找赫欽斯的原著來看，讓我將功贖罪。

　　談教育、談經典，我都是半吊子。惟一的資格，是上過學、讀過點經典。可誰沒有呢？過來人的牢騷，對別人不一定有意義。但願不要寫成朱光潛說的「牙痛文學」就好了。

參考文獻

Adler, Mortimer J. 1983. *How to Speak, How to Listen: A Guide to Pleasurable and Profitable Conversation*. London: Macmillan Publishing Co., Inc., 1983.

Adler and Van Doren. 1972. *How to Read a Book*. NY: Simon and Schuster, c1972.

Aristotle. 1941. *The Basic Works of Aristotle* ／ edited by R. McKeon. NY: Random House, 1941.

Ashmore, H. S. 1989. *Unseasonable Truths: The Life of Robert Maynard Hutchins*. Little, Brown and Company, 1989.

Barzun, Jacques. 1991. *Begin Here: The Forgotten Conditions of Teaching and Learning*. Chicago and London: The University of Chicago Press, 1991.

Brockman, John (ed). 2007. *What Is Your Dangerous Idea: Today's Leading Thinkers on the Unthinkable*. Harper Perennial, 2007.

——. 2009. *What Have You Changed Your Mind About: Today's Leading Minds Rethink Everything*. Harper Perennial, 2009.

Bronowski, Jacob. 1951. *The Common Sense of Science*. Cambridge, Massachusetts: Harvard University Press, 1958.

Christian, Brian. 2011. *The Most Human Human: What Artificial Intelligence Teaches Us About Being Alive*. NY: Doubleday, 2011.

Commager, Henry Steele. 1971. The University and the Community of Learning. Delivered at Kent State University on April 10, 1971. http:／／www.commager.org:80／speech_kent_state_address.asp

Cook, Jonathan. 2017. After Hersh Investigation, Media Connive in Propaganda War on Syria. CounterPunch, June 30, 2017. https:／／www.counterpunch. org／2017／06／30／after-hersh-investigation-media-connive-in-propaganda-war-on-syria／

Dawkins, Richard. 1998. *Unweaving the Rainbow: Science, Delusion and the Appetite for Wonder*. Houghton Mifflin, 1998.

Dennerline, Jerry. 1989. *Qian Mu and the World of Seven Mansions* 錢穆與七房橋世界／鄧爾麟著，藍樺譯. 北京：社會科學文獻，1998。

Dewey, John. 1916. *Democracy and Education*. Macmillan, 1916.

Eliot, T. S.1950. *Selected Essays 1917-1932*. Harcourt Brace, 1950.

Harvey, William. 1628. *The Circulation of the Blood & Other Writing* ／ translated by R. Willis. London: J. M. Bent & Sons Ltd., 1952.

Huggins, Charles B.1951. The Hutchins Influence: Medicine. The University of Chicago Magazine, June 1951.

Hutchins, R. M.1954. *Great Books the Foundation of a Liberal Education*. NY: Simon and Schuster, 1954.

Johanson, D. C. and Edgar, B.2006. *From Lucy to Language: Revised, Updated, and Expanded*. Simon & Schuster, 2006.

Kant, Immanuel. 1784. *An Answer to the Question: 'What is Enlightenment?'* ／ translated by H. B. Nisbet. Penguin, 2009.

Lightman, Alan. 2018. *In Praise of Wasting Time*. Simon & Schuster, 2018.

Livingstone, Sir Richard. 1944. *On Education*. Cambridge University Press, 1944.

Marx, Karl. 1983. *The Portable Karl Marx* ／ edited by Eugene Kamenka. Viking Penguin Inc., 1983.

Medina, John. 2014. *Brain Rules: 12 Principles for Surviving and Thriving of Work, Home, and School* 大腦當家 ／ 洪蘭譯. 台北：遠流，2017。

Montaigne. 1580. *Twenty-Nine Essays* ／ Translated by Donald M. Frame; Selected and Introduced by Mortimer J. Adler. Pennsylvania: Franklin

Library, 1982.

Paulos, John Allen. 2001. *Innumeracy: Mathematical Illiteracy and Its Consequences.* Holt McDougal, 2001. Originally published by Hill and Wang, 1988.

Plato. 1937. *Dialogues of Plato (2 vol)* ／ translated by B. Jowett. Random House 1937.

Rousseau, Jean-Jacques. 1762. *Emile* ／ translated by Barbara Foxley. NY: Dover Publications Inc., 2013.

Sagan, Carl. 1995. *The Demon-Haunted World: Science as a Candle in the Dark.* New York: Random House, 1995.

Sayers, Dorothy L.1947. The Lost Tools of Learning. http:／／www.gbt. org／text／sayers.html. First presented at Oxford in 1947.

Thoreau, Henry David. 1854. *Walden.* Köln: Könemann, 1996.

Thucydides. 1998. *History of the Peloponnesian War* ／ translated by Benjamin Jowett. NY: Prometheus Books, 1998.

Toynbee, Arnold J.1933-39. *A Study of History* ／ abridgement of volumes I-VI by D. C. Somervell. NY: Oxford University Press, 1947.

Turkle, Sherry. 2007. Simulation Versus Authenticity. IN Brockman (2007: 244-247).

——. 2009. The Robot in the Wings. IN Brockman (ed) (2009: 191-4).

——. 2015. *Reclaiming Conversation: The Power of Talk in a Digital Age.* Penguin Books, 2015.

Vosoughi, Soroush; Roy, Deb; Aral, Sinan. 2018. The Spread of True and False News Online. Science, 9 Mar 2018: Vol. 359, Issue 6380, pp. 1146-1151.

Whitehead, Alfred North. 1925. *Science and the Modern World.* Free Press, 1997.

——. 1929. *The Aims of Education and Other Essays.* NY: The Free Press, 1967.

——. 1954. *Dialogues of Alfred North Whitehead* ╱ as recorded by Lucien Price. Boston: Little, Brown & Co., 1954.

朱敬一. 2009. 招生若僅採一科成績，符合大學理念嗎？. 聯合報，2009╱11╱16。

江宜樺. 2005. 從博雅到通識：大學教育理念的發展與現況. 政治與社會哲學評論，14期，2005╱9╱01。

何炳棣. 2004. 讀史閱世六十年. 香港：商務印書館，2004。

余英時. 1985. 文化危機與趣味取向. 明報月刊，1985╱4。收入余英時（1988: 3-16）。

——. 1988. 文化評論與中國情懷. 台北：允晨，1988。

——. 1991. 猶記風吹水上鱗. 台北：三民，1991。

吳魯芹. 2007. 雞尾酒會及其他. 台北：九歌，2007。原由文學雜誌於1957年出版。

林毓生. 1981. 一個培養博士的獨特機構：「芝加哥大學社會思想委員會」——兼論為甚麼要精讀原典？. 收入林毓生（1983: 293-306）。原載《中國時報・人間副刊》，1981╱6╱5。

——. 1983. 思想與人物. 台北：聯經，1983。

洪蘭. 2004. 歡樂學習，理所當然. 台北市：天下文化，2004。

——. 2007. 打開科學書（講理就好2）. 台北：遠流，2007。

胡文彬. 2000. 夢裡夢外紅樓緣. 中國書店，2000。

——. 2000a. 留給青年人一片藍天——對青年讀《紅樓夢》的一點建議. 收入胡文彬（2000）

夏志清. 1974a. 文學的前途. 收入夏志清（1974b: 57-68）。

——. 1974b. 文學的前途. 台北：純文學，1974。

國家圖書館圖書館事業發展組. 2018. 106年臺灣閱讀風貌，臺灣閱讀力再躍. 臺灣出版與閱讀，2018年第1期。

啟功. 2006. 啟功給你講紅樓. 北京：中華書局，2006。

陳平原. 2009. 歷史、傳說與精神——中國大學百年. 香港：三聯書店，2009。

焦元溥. 2007. 遊藝黑白：世界鋼琴家訪問錄. 台北：聯經，2007。

——. 2013. 樂之本事：古典樂聆賞入門. 台北：聯經出版事業公司，2013。

費孝通. 1997. 反思・對話・文化自覺. 北京大學學報（哲學社會科學版），1997年第3期。

馮其庸. 2008. 紅樓論要──解讀紅樓夢的幾個問題. 紅樓夢學刊，2008年第5期。

黃俊傑. 2005. 學科教育中人文精神的提升：通識教育的新思考──以醫學院校人文教育為例. 高教發展與評估，2005／3，21: 2=78。

——. 2015a. 轉型中的大學通識教育：理念、現況與展望. 台北：國立台灣大學出版中心，2015／4。

——. 2015b. 大學之理念：傳統與現代. 台北：國立台灣大學出版中心，2015／11。

黃榮華. 2016. 提振出版產業才能拯救未來臺灣經濟──寫在新政府上任的期許. 全國新書資訊月刊，2016／7，p. 4-7。

資中筠. 2005. 財富的歸宿：美國現代公益基金會述評. 上海：上海人民，2005。

錢穆. 1951. 中國歷史精神. 台北：素書樓，2001。原為1951年在台北應國防部特約的講演。

——. 1953. 新亞學規. 收入錢穆（1989: 3-7）。

——. 1989. 新亞遺鐸（錢賓四先生全集50）. 台北：聯經，1998。台北：東大，1989。

語言文學類　PC0791　文學視界106

你愛看什麼書？
——談教育、經典、赫欽斯

作　　者／不　器
責任編輯／鄭夏華
圖文排版／林宛榆
封面設計／楊廣榕

發 行 人／宋政坤
法律顧問／毛國樑　律師
出版發行／秀威資訊科技股份有限公司
　　　　　114台北市內湖區瑞光路76巷65號1樓
　　　　　電話：+886-2-2796-3638　傳真：+886-2-2796-1377
　　　　　http://www.showwe.com.tw
劃撥帳號／19563868　戶名：秀威資訊科技股份有限公司
　　　　　讀者服務信箱：service@showwe.com.tw
展售門市／國家書店（松江門市）
　　　　　104台北市中山區松江路209號1樓
　　　　　電話：+886-2-2518-0207　傳真：+886-2-2518-0778
網路訂購／秀威網路書店：https://store.showwe.tw
　　　　　國家網路書店：https://www.govbooks.com.tw

2019年8月　BOD一版
定價：220元
版權所有　翻印必究
本書如有缺頁、破損或裝訂錯誤，請寄回更換

國家圖書館出版品預行編目

你愛看什麼書?：談教育、經典、赫欽斯 / 不器著.
-- 一版. -- 臺北市：秀威資訊科技, 2019.08
　　面；　公分. -- (語言文學類；PC0791)(文學
視界；106)
　　BOD版
　　ISBN 978-986-326-702-7(平裝)

　　1.赫欽斯(Hutchins, Robert Maynard, 1899-1977)
2.學術思想 3.教育哲學

520.1485　　　　　　　　　　　108010038

讀者回函卡

感謝您購買本書，為提升服務品質，請填妥以下資料，將讀者回函卡直接寄
回或傳真本公司，收到您的寶貴意見後，我們會收藏記錄及檢討，謝謝！
如您需要了解本公司最新出版書目、購書優惠或企劃活動，歡迎您上網查詢
或下載相關資料：http:// www.showwe.com.tw

您購買的書名：＿＿＿＿＿＿＿＿＿＿＿＿＿＿＿＿＿＿＿＿＿＿＿＿

出生日期：＿＿＿＿＿年＿＿＿＿＿月＿＿＿＿＿日

學歷：□高中 (含) 以下　　□大專　　□研究所 (含) 以上

職業：□製造業　□金融業　□資訊業　□軍警　□傳播業　□自由業
　　　□服務業　□公務員　□教職　　□學生　□家管　　□其它＿＿＿＿

購書地點：□網路書店　□實體書店　□書展　□郵購　□贈閱　□其他

您從何得知本書的消息？

　□網路書店　□實體書店　□網路搜尋　□電子報　□書訊　□雜誌

　□傳播媒體　□親友推薦　□網站推薦　□部落格　□其他＿＿＿＿＿＿

您對本書的評價：（請填代號　1.非常滿意　2.滿意　3.尚可　4.再改進）

　封面設計＿＿＿　版面編排＿＿＿　內容＿＿＿　文／譯筆＿＿＿　價格＿＿＿

讀完書後您覺得：

　□很有收穫　□有收穫　□收穫不多　□沒收穫

對我們的建議：＿＿＿＿＿＿＿＿＿＿＿＿＿＿＿＿＿＿＿＿＿＿＿＿

＿＿＿＿＿＿＿＿＿＿＿＿＿＿＿＿＿＿＿＿＿＿＿＿＿＿＿＿＿＿＿＿

＿＿＿＿＿＿＿＿＿＿＿＿＿＿＿＿＿＿＿＿＿＿＿＿＿＿＿＿＿＿＿＿

＿＿＿＿＿＿＿＿＿＿＿＿＿＿＿＿＿＿＿＿＿＿＿＿＿＿＿＿＿＿＿＿

11466
台北市內湖區瑞光路 76 巷 65 號 1 樓

秀威資訊科技股份有限公司 收

BOD 數位出版事業部

....

（請沿線對折寄回，謝謝！）

姓　　名：＿＿＿＿＿＿＿＿＿　年齡：＿＿＿＿＿　性別：□女　□男

郵遞區號：□□□□□

地　　址：＿＿＿＿＿＿＿＿＿＿＿＿＿＿＿＿＿＿＿＿＿

聯絡電話：(日)＿＿＿＿＿＿＿＿＿＿　(夜)＿＿＿＿＿＿＿＿＿＿

E - m a i l：＿＿＿＿＿＿＿＿＿＿＿＿＿＿＿＿＿＿＿＿＿